阅读成就思想……

Read to Achieve

99%的销售指标都用错了

破解销售管理的密码

CRACKING
THE SALES
MANAGEMENT CODE

The Secrets to
Measuring and Managing
Sales Performance

[美] 杰森·乔丹（Jason Jordan）
米歇尔·法森那（Michelle Vazzana）◎ 著

毛雪梅 ◎ 译

中国人民大学出版社
· 北京 ·

本书赞誉

销售管理很多时候等于衡量销售绩效并管理它。这本书很聪明地把二者分开说明如何管理销售活动以达到期望的结果。对于想要聚焦和更好影响销售绩效的管理者来说，应当好好看看这本书。

詹姆斯·拉汀（James Lattin）

斯坦福大学商学院市场营销系教授

这本书把你的重点从结果转移到驱动成功的输入活动上，给出了极具可行性的建议。如果你渴望不一样的结果，有足够的勇气改变你的行为的话，那作者为你提供了已经验证过的经验帮助你完成这个征程。读这本书，调动你的团队，享受最后的结果！

大卫·高斯（David Gau）

美国盖茨集团公司总裁

我曾经被很多使用ISO管理体系作为管理平台、持续改善公司质量、环境和安全的高级管理者问及，为什么没有全球通用的销售管理体系。《99%的销售指标都用错了》现在就为我们提供了这样的方法论，它可以帮助任何一家公司构建销售管理系统，更好地管理和持续改善销售结果。

巴瑞·蒂明斯（Barry Timmins）

必维国际检验集团销售市场部总监

一涉及到销售，人们很容易专注于结果。但是胜利从来不是偶然的。这本书给销售管理者们一个交付成功结果的方法！它打消了管理销售组织的疑惑，并为销售管理者提供了带领销售团队有意义且实用的行为准则。

托马斯·威森巴赫（Thomas J. Weisenbach）

国际纸业集团 xpedx 事业部前销售与营销执行副总裁

实用！《99% 的销售指标都用错了》为新销售管理者提供了一个可以遵循的清晰路径，让有经验的销售经理能把自己的销售经验转变成可以重复使用的智慧锦囊。作者引人入胜地描写了他们是怎么一点点深入调查，一步步找到每一个销售密码的过程，最后带领我们拼凑出可以重复使用的藏宝图。非常实用的一本书。

乔·阿姆林（Joe Amlin）

斯伦贝榭集团销售培训经理

在我职业生涯的初期就得到过这样的建议："你无法管理你不能衡量的东西。"这么多年我看到很多公司不是没有流程去衡量，就是希望能衡量所有东西。Vantage Point 绩效管理公司找到了完美的中间地带，通过衡量正确的指标来优化绩效。祝贺他们成功破解了密码。

迈克尔·高美斯（Michael Gomes）

贝尼菲特摩尔公司执行副总裁

中文版推荐序

管理是永远的蓝海，现代卓越的企业管理是企业保持核心竞争力和长久生命力的基础。

一方面，当今产能过剩，全球化竞争加剧，企业需要具备更高的灵活性来面对快速变化的经营环境，如果没有强大的管理能力，迅速应对变化的决策落地，那再伟大的构想也只是空中楼阁。

另一方面，企业需要具备跨越鸿沟的能力来面对成长过程中不同阶段的挑战，我把企业跨越鸿沟时需要应对的挑战归纳为三类：第一是强化，确保自己的核心能力让竞争对手难以超越；第二是复制，确保企业在扩大规模的过程中，不致遭遇量变引起质变的致命问题；第三是变革，确保企业在需要转型时，迅速且有序地执行变革战略。如果没有强大的管理能力，企业将无法持续发展，或困在鸿沟中，或被竞争对手超越，或随波逐流，最终消沉。

强大的管理能力来自两个基础：一是系统化的方法论；二是坚持的毅力。没有系统化的方法论，将陷入打鼠机似的事件驱动管理模式，管理者忙碌不堪，但同样的问题重复发生，治标不治本，也没有预见性。如果没有持之以恒的毅力，没有全面、完整、熟练地推动系统化方法论中的每一个模块，将无法从根本上提升其管理能力。

企业应对环境变化的不确定性，应对自身成长的挑战，应对外界竞争的压力时，首先要做出相应改变的通常是销售部门。因此销售部门的管理能力，也展现了企业的灵活性及跨越鸿沟的能力。在我任职惠普公司的 25 年中，见证了销售部门从几人到上千人的发展过程，也多次经历了强化、复制及变革的循环，让我深深领会到系统化方法论对销售管理的重要性。

《99% 的销售指标都用错了》这本书极具实战性地阐述了销售管理系统中一个非常关键的部分，即结果与过程的关系。销售部门是非常重视结果的部门，因此多数管理者将管理结果视为首要的管理工作，而忽视了一个重要的道理，那就是这本书所强调的“我们无法管理销售结果，只能管理销售活动”的管理思想。这确实破解了销售部门难以强化、复制及变革的谜团。其最核心的要素就是掌握业务结果、销售管控、销售活动这三层指标之间的关系。

2016 年 4 月，我在北京创立了及优教育科技有限公司，其使命就是创建以实践驱动的管理系统来提升企业的管理能力，帮助企业跨越鸿沟，获得重生。而《99% 的销售指标都用错了》非常吻合及优公司的管理理念和管理系统，我们也在工作中采用了这套方法论。所以当雪梅向我提及她有意将此书翻译成中文版时，我表达了自己的鼓励和支持。雪梅是我在中国惠普任职期间的同事，也是我的得力助手。她长期专注解决销售领域各类管理问题，是销售运营的专家，再加上她良好的外语能力，相信她不仅能够翻译好这本书，也能够忠实地传递这本书的思想，帮助国内企业的销售管理者们更好地吸收书中的精华。

孙振耀

惠普前全球副总裁、大中华区总裁

及优教育科技创始人

推荐序

曾几何时，干销售是件多么简单而愉快的事情，大家觉得只要做好 3S——选人（Selection）、制定策略（Strategy）、传授技能（Skill），就能获得喜人的销售业绩。

选人：招聘真正具有潜力的销售人员。

制定策略：帮助他们针对每个客户制订缜密、可行且独到的销售计划。

传授技能：教给他们如何做好销售拜访。

只要你把上面三件事做对了，你就能打造一支高效的销售团队。

2010 年我去欧洲参加会议，有人问我 3S 是否还适用于今天越来越复杂的销售环境。我回答说："是的，选人、制定策略、传授技能依然能引导销售取得成功。"好的人才就像金子一样稀缺，如果你能找到最好的人，自然就能成为赢家。策略和技能永远都是成功的基础，尽管这些年来，策略和技能变得比以前复杂了，但重要性毋庸置疑。听了我的回答，那人皱了下眉头，我知道这样的答案让她感到失望了。现在，我非常希望她能看看这本书，因为我非常想让她知道，她那紧锁双眉的反应让我又仔细思考了她问的问题。3S 依然是决定销售成功的秘钥吗？近年来，在销售领域的变革过程中是否已经产生了新的、更重要的成功要素呢？

我不想低估选人、制定策略和传授技能的重要性，显然它们依然是销售组织迈向成功的必要条件。但越来越明确的是，它们已经不再是充分条件。最近几年，在我服务的销售团队中，很多企业拥有很好的产品、优秀的销售人员、合理的客户计划以及比竞争对手更高明的销售技能。如果根据 3S 原则，他们理应表现得更加抢眼，但却在和对手的竞争中丧失了市场份额。怎么会这样？他们的竞争对手究竟做了什么使他们更成功呢？有些时候，这个结果跟销售团队无关。竞争对手拥有更具竞争力的价格和市场策略，他们的企业文化更具活力，他们占有渠道优势。而且让我不愿意看到的是，越来越多优秀的 3S 型销售团队在市场上屡遭败绩。

这个问题不断困扰着我，让我夜不能寐，于是我倾注了大量的精力来研究这些案例。特别是，我是销售技能和销售策略领域的专家，挑战自己成功的基础并不是一件容易的事。经过一番痛苦思索之后，我最后得出了结论。如果一定要让我选出在新的销售环境中三个成功的要素，我会选择 3M，即管理（Management）、衡量指标（Metrics）及方法论（Methodology）。

管理：特别是一线销售经理的指导管控。

衡量指标：超越我们通常所说的基于销售活动的衡量指标。

方法论：成体系的、被遵守的销售方法。

让我们一个一个地来深入探讨在不久的将来助力销售成功的关键要素。在这里，我首先要指出这本书恰恰就是关于 3M——管理、衡量指标、方法论的。

管理

在我不算短的职业生涯中，曾服务于五十多个销售团队，希望帮他们提高销售业绩。在此可以负责任地说，那些拥有优质潜力一线经理的销售团队，即使他们的销售人员有些平庸，我通常也能帮他们走出低绩效的泥潭。但如果情况相反，一线经理资质不良，就算销售人员水平尚可，我也很难有所作为。无论付出多少努力，怎么重组团队，开展多少培训，都不会有多大起色。在过去十年里，如果有公司想请我去帮助销售团队扭转不良业绩，我问的第一个问题永远都是关于一线销售经理的能力和潜力，因此古老的3S定律中的“选人”原则依然是关键要素。但是企业必须着眼于未来去竞争，在日趋复杂的商业环境中，选择好的一线销售经理比选择好的销售人员更加重要。

但是解决销售管控的问题并不能仅仅停留在选拔人才方面。尽管许多聪明的、具有潜力的、雄心勃勃的销售经理，愿意去做对的事，但却苦于没有人能告诉他们到底该怎么做才算正确。他们不能指望公司里的那些老前辈，因为他们的经验都来自于那个追求“战术简单，行动迅速”的旧世界。不幸的是，那些很多观念过时的高级经理要求自己下属做的正是他们认为正确的，而显然已经过时的事。这些新销售经理们又该从哪里得到建议呢？如果他们是销售人员，市场上有超过5 000本图书告诉他们该如何卖东西。不过历史上无数从成功销售沦落为失去方向的销售经理的悲剧已经证明，销售和销售管理是完全不同的两回事。所以销售经理去读那些传授该怎么卖东西的书有什么用呢？据我观察，关于销售管理的书不超过100本，而且其中近一半已经绝版了。更糟糕的是，这些书很多都是关于如何进行人员管理，只不过是在通用的“经理”这个词前面加了个销售而已。而专门针对销售管理的好书凤毛麟角，这也正是我鼓励杰森创作这本《99% 的销售指标都用错了》的原因。这本书中提供了非常具有针对性和实操性的适应新时代销售管理的方法。

这些具体的方法包括什么呢？让我来举几个例子。它告诉了你 CRM（客户关系管理）系统能做什么，更重要的是它还告诉了你 CRM 系统不能做什么；它非常清晰地说明了如何一步步把销售活动和业务结果关联起来，并提供了很多实用的工具，可以帮助销售经理在因销售复性而所带来的洪水猛兽般的管理问题中跋山涉水，一路前行。这些都是非常重要和实用的内容，销售经理们一定会喜欢这本书所给出的建议的。

衡量指标

我的客户经常问我：“什么是销售经理最需要了解的东西？”“衡量指标。”我的答案每次都是一样的。恐怕在销售管理活动中最被大家误解的就是“衡量指标”了。两百多年前，伟大的科学家卡尔文男爵（Lord Kelvin）就说过：“如果你没法衡量一样东西，没法用可以量化的方式来表达它，那就说明你对这类事物的理解就还不够扎实。”这就是“指标”之所以重要的原因。任何一件事物，如果你无法衡量，就无法改进。销售指标可以帮助我们去衡量、了解、控制和改善销售组织的绩效。但对销售经理来说，“衡量指标”通常又意味着什么呢？这个词很有可能会和销售活动管理联系起来，比如每天客户的访问数量、拜访报告、对每个销售任务的追踪以及利润率等。这些都是过往陈旧的“衡量指标”。本书极具说服力地挑战了那些经典的衡量指标。在今天的商业环境下，它们不但不够准确，而且可能给销售组织带来困扰。

杰森、米歇尔及其同事们与销售教育协会一起，通过问卷调查的形式找到了被销售组织使用的306个“衡量指标”。你怎么能在这306个自主选择中，拨云见日而非一叶障目呢？本书就是来回答这个问题的，即如何得到正确的“衡量指标”，如何选择它们，如何测试它们，如何使用它们去运营一个高效的销售组织。好了，关于“衡量指标”，我在这里就不赘述了，免得破坏了杰森所讲述的结构。不过，我还是想强烈推荐销售经理们多花些时间好好了解下“衡量指标”的重要作用。这本书绝对是一个不错的选择。未来还会有更多关于销售管理衡量指标的令人兴奋的发展。比如GE公司已经在实验把六个西格玛和对“衡量指标”的掌握变成管理人员最基础的技能等，让我们拭目以待。

方法论

支撑销售成功的三根柱子的最后一个M是方法论。我选择这个词是因为它的范围足以涵盖那些可以帮助销售人员签单和预测销售的办法、工具和技巧。最常见的两种销售方法论分别是销售流程（也叫“销售管道”、“销售漏斗”）和CRM系统。销售流程是把销售周期分解成几个步骤，然后跟踪每个销售机会的进展情况。每个步骤都有一些相应的销售活动和衡量标准，完成了才能进入下一步。这样，销售预测就能变得更加准确。针对那些重要的销售机会，销售经理也可以在需要的时候进行诊断干预。这已经变成了销售最基本的要求。今天每个组织都会有些方法论去组织他们的销售活动并将其体系化。很多公司花了几十亿美元投资到销售流程和CRM系统，但通常收效甚微。造成如此结果的一部分原因是因为软件公司对 CRM 的作用夸大其词了。但购买系统的公司也必须对此负责。他们幼稚地希望系统能一劳永逸地帮他们解决大部分问题，他们没有预计到推动销售方法论的难度和所需要付出的工作量有多大。

我讲这些，是想解释为什么使用销售方法论的经理会对它抱有怀疑。但遗憾的是，在今天的商业世界里，销售团队的成功更多的是依赖于好的销售方法论。我认为《99% 的销售指标都用错了》对销售管理最大的贡献就是它对销售方法论提出了非常认真和平衡的看法。它既没有对 CRM 无条件地追捧，也没有因为存在那些糟糕流程的受害者就毫无根据地批评指责。这样客观平衡的观点是非常难得的。

所以我诚挚地建议你读读这本书。它会给你关于了解支撑新销售的三个支柱——管理、衡量指标、方法论的实用的帮助。祝你们能把这些想法成功运用到你们的销售管理之中。

尼尔·雷克汉姆

SPIN 销售模式创始人

全球著名销售大师

目 录

第一部分

用各种指标真能管控好销售团队吗

第 1 章 CRM、报表和对控制的错觉

作战指挥室

我们世界 100 强的客户们都会将我们带到他们公司里一间隐秘的会议室。这间特殊的会议室就是公司高层领导每周开会讨论业绩和制定战略的地方。在会议室的墙上挂着很多销售业绩报告，从财务预测到销售这一年所拜访的客户的统计。看上去，从公司 CRM 系统中提炼出来的各种实时数据，被做成五颜六色的图表供老板们决策。

这间特殊的会议室，就相当于整个销售团队的作战指挥室（War Room）。

这里有汇总的数据，也有由每个销售经理分别提供的数据。这些数据可以按产品线分，按区域分，按客户群分，按销售周期的不同阶段分。数据可以细分到任何你能想象到的维度——这简直就是当今世界最精彩的数字报表的演示。这个场景可能会让所有企业高管感到惊艳。

看着那面墙，每周在作战指挥室里举行的业务会议可能会很容易让你联想起好莱坞大片里第二次世界大战的场景：情报分析员你来我

往地穿梭着，最新的战报被不断地呈递而来，墙上的战略地图也在时刻发生着变化。将军们看着墙上的信息，思考着如何制定战略计划把敌人一举歼灭。而在作战指挥室，公司的销售副总裁就是将军，士兵变成了销售人员，战场就是销售一线。墙上的数字不再是敌军的人员数，而是产品销售、销售机会管道[①]的大小、销售活动、输赢率、利润、营收预测等。每一个报告出来的数字都被清楚地贴在了墙上，等待着销售经理们还原出清晰准确的市场态势。

不停更新这些数据成了作战指挥室里的主要活动——迅速判断趋势并向销售一线员工发布紧急指令：销售机会总量太少了？快让销售人员去寻找更多的潜在客户！利润下降了？告诉一线销售经理要把控好局面！预测不准？一定要让销售人员更频繁地更新数据。毫无疑问，这样的周例会是紧张的、聚焦的和重要的。

这不是我们第一次在销售团队里看见作战指挥室。几年前，当我们在做销售管理最佳实践调查的时候，就曾见过类似的场所——军事化风格的布景，领导团队甚至在房间里安放了整套作战指挥室的模拟设备。贴在墙上的一张张报告，显示着从销售区域到销售业绩的各项数据。销售，在这里就是一场战役。

大部分公司都有自己的小型作战指挥室——有的是实质上的，有的是精神上的。大家都有一套自己得心应手的报表用来检查业务的进展状况，以明确需要做什么来达成目标。这些报表可能不一定是那些宽幅彩色打印的饼图、柱状图、分布图，但不论公司规模大小，都会

① 英文为“Sales Pipeline”，销售机会管道（或称销售漏斗），指按照标准的销售流程把销售项目分成不同的阶段，由处在不同阶段销售机会所形成的销售机会总和，因总数量呈管道和漏斗状而得名。用于对销售进行过程管理来推进客户采购，提高赢率，达成销售目标。后文统称“销售机会管道”。——译者注

更注重在客户关系管理系统和销售自动化系统建设上的投入并帮助增加报表所能反映数据的维度。

实际上，在过去十年和我们合作的公司里，每家公司多少都运用了新科技来支持他们的销售活动。CRM 系统如今已经非常普及而且日渐显现出越来越重要的集合销售活动的作用。这也会催生出更多、更精细的报表。数据的完备会让销售管理团队将市场看似纷繁复杂的形势分析得更加清晰、更加透彻。

一切尽在掌控中吗

那些报表上的数据到底给我们带来了什么？很多时候，实时看到销售业绩和一线的销售活动会让我们产生一种对销售团队的行动尽在掌握的满足感。但是，看见业绩和活动并不代表能掌控市场和消费者。让我给你举一个例子，告诉你这样的错觉有多离谱。

当我的孩子只有 18 个月时，我把她交给临时保姆看护，然后自己去商店买东西。当我回家时，一开门，眼前的场景把我吓坏了！我的宝贝女儿正站在陡直的楼梯上，晃晃悠悠地准备自己下来。而这时保姆正安坐在屋子的另一头，眼睁睁地看着她。当保姆看见我惊恐的表情，她健步如飞冲向摇摇欲坠的孩子，而且还试图辩解说：“别担心，我看着她呢，她摔不着。”我当时又急又气，怒不可遏地吼道：“你是要看着我女儿摔死吗？你以为你这样能保护她吗？”

同样地，看着作战指挥室墙上的数据并不等于在真正指挥一场战争。看着与销售活动相关的数据，比如做了多少次客户拜访？接触了多少比例的客户？这些数据给我们一种参与到了销售活动的错觉，而事实上这就像我们站在屋子这头看着我们的销售人员在爬危险的楼梯，希望他们不会掉下来摔死。你能看得见灾难发生，但你却无法管控灾难的结果。

虽然我们花了上亿美元去获得更有广度和深度的销售活动和销售结果报告，但强大的报表功能并没能帮助我们更好地管控我们销售团队的业绩。只能是看得更清楚而已，并不能代表管得更好。

但是在我们被认为是“报表痛恨者”之前，我们必须明确地声明我们是热爱数据的。实际上，如果没有可靠的数据评估销售业绩、分析事件、发现趋势、下达可执行的命令给销售团队，就根本不可能在现今这个复杂的商业环境中管理好销售团队。只是作战指挥室里发生的这些分析和讨论，只是在重复一个命令：“销售人员们，多多益善。”

见更多的客户，发现更多的机会，赢得更多的订单——仿佛所有的问题都能被一个“多”字所解决。让人担心的是，CRM 给了我们更强大而复杂的分析功能，而我们反馈给销售经理和销售人员的却除了“多做”之外就没有什么指令了。“多做”这个咒语看似能帮我们加强控制，但实际上这就等于我对我 18 个月的女儿说别绊倒了一样无力，她不会理解这是什么意思，而最终的结果就只能凭运气了。

问题的根源

如今我们正处在问题的核心处。

近些年我们见证了时代的变化和技术的创新，比如 CRM。现在我们能生成非常细致的报表来反映销售活动和销售结果。在销售管理的历史上，我们从来没有过这么多的数据，而且今后的数据只会更多。未来的挑战极有可能不是数据太少，而是数据太多，信息泛滥。即使今天，我们已经看到了有些公司的“分析麻痹症”，过多的数据削弱了人的决策能力，而报表的初衷应是助人决策的。

我们的生意从几千万，做到几亿甚至几十亿，信息量也会成倍地增加，但却很难更主动地去影响销售绩效。我们知道发生了什么，知道正在发生什么，却不能比以前更好地掌控局势和未来。我们到底缺失了或做错了什么？

我们缺的是最基本的东西——给销售团队的操作指令

墙上的数字到底是如何发挥作用的？报表里的数据哪些是输入，哪些是输出？哪些是原因，哪些是结果？如果我想改变这个数字，应该从何入手？并且我们也不清楚这些数字该如何发挥作用。

如果我们理解了墙上的这些数字之间的关系，那我们就能更好地加以管理。需要更多营收？没问题，做这个。想要更多客户？别担心，做那个。这就是今天的销售管理者还没有理解或忽略的层面。他们只是简单地下了个结论：需要更多营收？多做。想要更多客户？多做。但结果就是营收和客户都没有更多。

这就是 CRM 带来的问题。它让我们看到了销售团队在做什么，却没有告诉我们该拿看到的东西做什么。我们可以从报表机器中获取大量数据，却没人告诉我们该拿这些数据做什么。基本上，我们报告数据的能力远远高于我们解读数据的能力。不管是好事还是坏事，我们在破解销售管理密码之前先破解了 CRM 的程序密码。

独特的销售部门管理路径

销售部门跟公司其他部门如财务、制造、市场营销都不太一样。作为销售拥趸，我认为销售不但与众不同，而且尤为关键。销售工作更丰富，更令人兴奋，更有挑战性，也更有趣。直白地说，销售对公司很重要。但有一点销售部门是落后于其他部门的，那就是：自我管理的体系。

在19世纪和20世纪，任何一家公司的职能部门都已经开发出了自己的知识体系来保证持续可测的衡量和自我管理。因此，除了销售以外的职能部门都有对自己工作最基本的了解，能够管理好自己的日常工作，也有信心达成最终的目标。

财务有一套完整的指标，每个指标都有清晰的指向。损益表、资产负债表和现金流。他们有全世界公认的财务标准（GAAP），大家都使用共同的语言管理业务，并有自我管理的体系。

制造部门也有他们详细的管理框架来引导和管控结果。任何一家工厂的管理者都能说出一系列诸如产能、残次率、质量、成本的标准指标，凭着直觉就能知道如果要提高其中某个指标，可能会如何影响到其他的指标。他们有全面质量管理（TQM）和六个西格玛（6 Sigma）这样的项目帮助他们提高绩效，也有自我管理的体系。

市场营销部是最后一个接受可控和严格指标管理的业务部门。但是，市场营销人员一直知道并使用一些重要的管理理念比如客户划分、市场份额、利润率等去做决定以获取市场成功。就算没有这些，至少它的专业性可以体现在大部分大学里都设有市场营销这个专业。他们也有自我管理的体系。

要知道诸如 GAAP、TQM 这些用来自我管理职能部门体系的标准是远远早于计算机的出现就已经存在的。这些体系使他们的领导们意识到需要有系统的思维、统一的语言来判断业务问题，主动引导改变。当 21 世纪信息系统迅速发展时，这些业务的管理就变得更加高效，但最基本的运营指导思想依然适用。其他们职能部门已经破解了自身领域的管理密码，信息技术只是让他们的工作方式更加多元和高效。

接下来，轮到销售部门了。

销售部门多少在逃避这些萌芽于其他职能部门的严格管理和职业纪律。在销售的世界里，没有 GAAP，没有 TQM 去提升销售绩效。目前在美国不超过 50 所大学设有销售专业。跟财务、制造、市场营销这些专业比，销售的管理体系尚在婴儿期。

所以当信息技术最终降临销售部门时，几乎没有什么可以实现自动化。销售团队几乎没有自己正式的运营指导。和其他们职能部门不同，销售信息系统只是在没有体系、缺乏持续执行的销售管理之上盖了一层罩子。某种程度上，销售部门只是自动化了自己的混乱。

本来自动化项目是应该从定义规划销售流程开始的，而销售部门却是从设计报表开始的。本来技术是用来支持关键销售活动的，销售部门却觉得信息技术有自己独立的价值。我们的一位客户甚至承认，他们当初就是想先把 CRM 部署了，而后再操心定义流程的事。在系统使用两年之后，他们不得不请我们来在他们已经自动化了的混乱之上重新规划体系。

我们确信这是 CRM 没能帮助管控销售环境的重要原因。不是因为 CRM 的价值被抬高了，也不是实施中出现了纰漏，而是销售领导们看到信息技术给财务、制造、市场营销部门所带来的革新，就觉得它也该给销售带来同样的革新。

但期待的革新并没有发生。它没有发生是因为跟之前成功的兄弟部门不同，销售部门没有自己成熟的管理机制。我们已经有了拼图所需的各个图块，却还没有集中精力把整幅图拼出来。我们还没有破解销售管理的密码。

本书尝试着把建立严密的销售管理机制这件事推进一步。通过对很多销售业绩卓越的公司是如何使用衡量指标管理销售团队进行深入调查，我们建立了一套管理系统，能把作战指挥室里的活动真正跟一线战场连接起来。它能帮助那些漂留在数据海洋里的销售经理们专注于几个真正有用的衡量指标上；它能帮助销售部门的管理者们发布可执行的命令；它能给如何完善销售业绩报表提供一个具有指导意义的框架；它能最终破解销售管理的密码。

第二部分

给你一支销售团队，你该如何管理

第 2 章
我们到底能管理什么

虽然在本书的开始部分，我们讲了很多客户关系管理系统（CRM）和销售业绩衡量指标，但问题的关键既不是技术也不是报表，而在于销售管理本身。信息系统更先进，报表功能更丰富，都更清楚地揭示隐藏在其表面之下的本质问题：销售管理还没有形成自己该有的一套体系。我们认为，在缺乏销售管理的层面去解决问题是短视地迷恋培养一线销售人员的副产品。过度强调培养销售人员的销售能力而忽视培养销售经理管理能力的做法至少跌入了以下两个误区。

优秀的销售人员≠出色的销售经理

首先，很多人认为如果公司投入足够的精力培养出优秀的销售人员，假以时日他们就会成为合格的销售经理。换句话说，领导者们花了大量资源去培养一线销售人员，等他们被提拔成经理后就不再继续投入培养他们了。公司肯定会有预算做销售培训，同样也肯定没有预算培训销售经理。

有人会给出充足的理由，来阐释精明强干的销售人员会怎样顺利地转变为能力突出的销售经理。诚然，有很多成功的例子可以帮他们佐证这种转变看起来是何等地顺理成章。但据我们的观察，这种“顺理成章”中间暗含着极大的变数。

在我们的职业生涯中，有很多关于销售到底是一门艺术还是一门科学的激烈讨论。不管怎么争论，到最后都会得出一个结论：销售是艺术和科学的结合体——可能还更偏向于艺术。的确有很多销售明星，既没有固定的套路，日常工作中也不怎么严格遵守纪律，但他们就是成绩斐然，有着与生俱来的销售能力，他们天生就是做销售的料。

可能在销售领域里，艺术和科学的成分可以平分秋色，但有天赋的“艺术家们”必须注意：销售管理可是严格的科学领域的学问。除了极个别的情况，我们见过的最好的销售经理都不约而同地是那些强大的“科学家”，拥有一整套科学的管理体系：召开正式的会议；拟定正式的日程；遵循严格的时间安排；给自己的销售设定严肃的目标，同样严肃地检查目标执行的进展；用分析和指标而不是用故事和直觉来管理；制订大量行动计划持续改进等。而那些业绩不好的销售经理却依然习惯使用自己做销售人员时擅长的“艺术风格”来做管理工作。业绩好的销售经理会在自己的管理中采取科学的方法来让自己的团队能持续保持良好的业绩。

公司很少培训销售人员有关管理的技能，而明星销售则经常会打破规则，不循规蹈矩。被提拔成销售经理的人通常也是那些明星销售，而主要从事管理工作的销售经理，其工作的重点和方法已经和销售人员有了明显的区别，是需要结构、分析和决策的技能、管理约束能力等来帮助自己在新的角色上取得成功。仅仅将普通销售人员培养为杰出的明星销售，并不足以保证他们有能力胜任销售经理的角色。

然而上述的状况已经持续了几十年，有着出色业绩和能力的明星销售被提拔为销售经理，然而却并不能带好销售团队，无法完全胜任管理者的角色。而随着销售管理工作越来越复杂，这个问题的影响会日渐凸显。只要鼓励你的团队成员，照搬你成为经理之前的销售方法就能取得良好业绩的轻松日子已经一去不复返了。今天的销售经理需要身兼市场、CFO、IT 总监、讲师等多重角色。销售经理需要划分客户、规划区域、设定目标、生成报表、管理信息系统、执行公司不断变化的市场覆盖策略等。我们认为 21 世纪的销售经理是所有公司职位中最多样化的一个角色，而我们同样也深深地感到在他们身上的投资十分有限。

是你的销售经理太愚蠢吗

第二个阻碍提升销售经理管理能力的假设是：销售人员是决定成功的第一要素。大家普遍认为如果在培训销售人员和培训销售经理之间选择，更聪明的做法是把钱投到培训一线销售人员身上。他们是面对客户并执行销售活动的人，如果他们的技能提高了，自然也会带来更多业务。离完成一件事越近的人，他们的能力越重要。

但高管们对提高销售绩效的看法如今已开始发生很大改变。虽然提升一线销售人员的能力固然重要，不过销售经理的作用已经受到更多的关注，被视为更关键的要素。实际上，我们很多客户已经迫切地意识到他们之前在这个关键岗位上的投入太少了。销售经理通常是那些远程或在家办公的销售人员跟公司的唯一联系渠道。他们是加强那些针对一线销售人员的培训效果的关键要素，也是其他变革的主要推动力，也是高层管理团队和一线销售人员之间唯一的沟通渠道。没有销售经理去影响和指导那些一线销售人员，指挥室里的将军就无法掌控自己作战计划的执行到位。

当高管们意识到自己忽略了组织中如此关键的一环时，他们会犹如醍醐灌顶般豁然开朗。我们的一个客户就经历了这样顿悟的时刻，他们有125位销售经理，管理着700名销售人员。公司内部有着复杂的培训团队，每年花费几百万美元去培训销售团队。公司意识到自己的销售经理辅导技能需要提高，于是找到了我们。我们对问题进行了调研，下面这段对话可能会帮大家了解其中的原因。

培训总监：针对这些活动，我们今年已经培训销售好几次了，但始终没什么效果。

咨询顾问：培训后，你们做了哪些后续跟进来强化培训的效果？

培训总监：销售经理应该在实际工作中加强培训效果。

咨询顾问：销售经理应该是保证培训效果的最主要的推手吗？

培训总监：是的，但不知道什么原因，这事并没有发生。

咨询顾问：销售经理参加这些培训了吗？

培训总监：没有，我们从来不让销售经理参加此类销售培训。实际上，我们每次都特意安排他们不要参加，好让销售们的参与度更高。

咨询顾问：那你们为销售经理安排单独的培训好让他们知道销售都学了什么吗？

培训总监：没有。

咨询顾问：那既没让销售经理们参加销售人员的培训，也没给他们安排单独的培训，他们又怎么能辅导销售呢？他们又如何得知该怎么强化培训的效果呢？

培训总监：嗯，他们不能……我想我知道问题出在哪儿了。

咨询顾问：嗯，这是问题的一部分，销售经理肯定要知道销售人员应该做什么。但他们即使知道了，那就会知道该怎么辅导和强化销售行为吗？

培训总监：不会。自己做和辅导别人做是两种完全不同的技能。那么你的建议是我们不但要培训经理们学习销售人员所学的东西，还需要培训他们怎么才能强化销售人员在实际销售活动中的行为。

咨询顾问：我觉得那是能保证你们在培训销售团队的投入获得最佳效果的办法。

培训总监：我明白了。

跟我们很多客户一样，该公司在培训销售技能上不惜投入，但却忽略了组织中最重要的变革推动者——一线销售经理。他们不是没有资源去做，而是没意识到这件事的重要性。

在高管的认知里，做到销售经理职位的人已经具备了足够的意识和能力去影响一线销售人员的行为了。这样的认知显然是片面的。

上面介绍的这个例子很典型，让我们意识到了销售经理在提高销售效率上的重要性。那些同时注重销售培训和销售经理培训的公司，可以让新的销售技能持续发挥效用。销售人员是要去打仗的士兵，销售经理应该给他们提供装备，向他们发号施令。没有准备的士兵很难打败强悍的敌人。

回到战争的主题，还记得在政治竞选中曾经有人高喊过诸如“笨蛋，问题在经济”这样的口号吗？政治家用如此激烈的方式让大家抛开其他繁杂问题，而专注于竞选最重要的事情，时下最痛最需要解决的问题——更好的经济。我们也想用这种方式大声告诉今天的销售团队当下最亟待解决的问题：培养训练有素、能力突出的一线销售经理。一线销售经理是销售团队中最能发挥效能的环节，给他们提供完备的培训和工具，帮助他们更好地管理一线销售人员，这样的投资一定会让你在未来获得丰厚的回报。

你真的能管理数字吗

如果我们同意销售经理在提高销售绩效上承担着重要责任，那下一个问题就该思考一下：我们到底能期望他们做什么？

如同之前的讨论，今天的销售经理每周要花太多时间整理那些含有销售活动和产能的报表，同时每周还要用大量时间跟销售人员一起检查那些报告，分析问题，想办法改善。在很大程度上，报告已经成为销售团队最基本的管理工具。报表里那些精挑细选出来的指标已经变成了销售团队的驱动力。

有趣的是，公司几乎从上到下每个人都隐隐怀有一个期望：如果销售经理付出足够的努力，他们就能改变报表上的数字，让形势趋向利好。大家不言而喻地认为，销售经理的本职就是要把报表上的数字做得很漂亮。实际上，“完成你的销售数字”这句话在销售管理的字典里已经成为和“早晨好”一样的口头禅了。不错！销售管理的确是关于“完成销售数字”，但销售经理真的能“做数”吗？换句话说，凭借足够的意愿和努力，就能真正“管理”好数字了吗？

答案当然是否定的。我们可以管理人和资源，却不能管理概念和数字。但销售经理们往往被要求管理营收、利润、客户满意度……很多衡量指标都有待他们去组织和执行，他们自己也认为那是他们的职责所在，管理数字就是他们最重要的工作。

看着销售经理们手握一叠报表穿梭于各种会议之间，我们开始担忧了。销售领导们聚集在作战指挥室里信心满满地制订着指挥作战计划，然而墙上的数字真能因此就变得更漂亮吗？销售经理们被要求管理数字，可能成千上万的销售经理也正在努力地做这件事情。为了更广泛地评估这种报表驱动的管理方式，我们调查了一些优秀的企业，看看他们是如何管理那些数字的。

混乱的销售团队衡量指标

想理解衡量指标是如何用来管理销售团队的，让我们首先跟随销售教育基金会一起对他们的成员企业进行一次问卷调查。具体来说，就是要求销售部门的领导们列出他们认为对提升销售绩效最有意义的一些数据要素。而我们还把这个调查扩大到了自己的客户群，在实际管理中，把他们无论是高层还是一线员工使用的数据都添加进数据库。最后，我们一共收集了 306 个销售管理者们认为对销售绩效有帮助的衡量指标。当我们去研究这些指标时，得到了一些有趣的发现，有些发现却令我们担忧。

利润　营收　市场份额
单位体积　客户满意度
成功拜访率　客户接触率　新销售人员培养时间
新产品销售的占比　客户留存率　客户钱包份额　新客户数量
CRM 使用率　客户计划完成率　潜在客户拜访数量
每个销售人员的客户数量　花在培训上的时间　每个经理管理的销售代表数

图 2—1　混乱的销售管控指标抽样

最重要的是，我们原本希望通过研究这些组织和样本，可以找到一种模式或相同的体系，来供聪明的领导们选择并组合各种管理销售团队的指标。我们觉得，这些公司在IT基础设施上投入了上百万美元，花了多年时间不断完善他们的报表，应该已经形成了某种最佳实践方法，以为其销售业绩指标分门别类。但恰恰相反，我们发现的是一片混乱。

其中一家公司有 14 种类别的销售衡量指标，每一类有时只有 2 个具体的指标。另一家公司列出了 16 个不同的指标，没有什么特别的顺序。一家跨国公司的全球销售副总裁说他只需要 3 个指标就能管理整个销售团队。有些人的回答则含混不清，无法明确他们到底想衡量什么。

我们也很好奇这些公司的指标分类方法。有些公司是按职能划分的，报表分别衡量招聘、培训、领导力、技术和销售流程。有些公司把所有衡量指标混在一起，包括营收、客户满意度、市场划分、预测准确度人才管理、销售机会管道等。有些稍小的公司则干脆简单地把他们分成内部和外部两项指标。

即使按照他们自己的分类，有时也难圆其说。比如客户留存率可能没有被放在客户满意度项下；销售在客户身上花的时间占比可能被算在了组织费用中；营业收入则会出现在所有分类里，因为大家认为营业收入既是外部指标也是内部指标。这个要衡量，那个也要衡量，看上去衡量无处不在。

我们可以有很多原因来解释为什么不同的指标会看似很随机地被分门别类。这可能是因为产生报表的系统不同；可能是因为这些指标来自于组织内不同的部门；也可能是因为这些报告是为了满足不同决策者的兴趣。不管是什么原因，我们所看到的销售团队衡量指标的混乱情况很清楚地表明了销售指标分类的最佳实践还没有衍生出来。想要找到销售管理和销售衡量指标之间的合理关系，我们不得不靠自己去分析。

我们无法控制结果，却可控制行为本身

所以，现在我们需要回到自己的作战指挥室。

我们将306个指标挂满了会议室的整面墙，每个指标反映出来的信息就像是战场上的将军要处理的战报一样。我们要跟随着这些随机的数字，看看它们会把我们引向何处，能不能让我们最终找到一个销售管控指标统一的框架。对于这场艰难的旅程，我们该从哪里迈出第一步呢？

我们选择了一个问题来当我们的向导，希望这个问题能帮助我们破解销售管理的密码。

我们能管理这个数字吗？

旅程的第一站是清晰地定义什么是我们经常谈的“管理”。当我们说起可以管理这个数字时，到底是指什么。在这里，我们对“管理”的定义是销售经理可以让销售人员做些不一样的事情从而直接影响这个指标，也就是说，它们能指导或做什么活动，而这些活动毫无疑问地能改变这个数字。不需要别人的同意，不需要别的决定，销售经理可以直接管控这个数字。

举一个日常生活中关于“管理”的例子。我们无法直接管理孩子在学校里的成绩，但我们可以通过管理孩子的学习时间来施加影响。明确告诉孩子每天的学习时长，学习一个小时还是两三个小时，总之我们寄希望于这种“管理”能最终影响到孩子的成绩。学习时间是我们可以管理的指标。

再举一个例子，比如减肥。再怎么对着体重秤咆哮，也没法改变上面所显示的让你头痛的数字，显示在体重秤上的数字指标不是我们说改变就能改变的。但我们可以控制自己每天摄入的热量，控制每天的锻炼时长，把握好这些与体重息息相关的指标，最终的体重数字就会令我们满意。摄入的热量和锻炼的消耗就是我们针对体重可以直接管理的指标。

你看，我们需要做的就是这样区分其中的因果。很明显，我们无法控制行为结果，但却可以控制行为本身。生活中有很多我们能施加“影响力”的类似的例子，而且我们经常自认为是这种影响力就是控制。但是，其实我们能控制或者管理的只是我们自身的行为，或在我们负有监督责任时管控他人的行动，仅此而已。毫无疑问，这种情况在销售组织内部同样存在。

带着这样的疑问，我们开始了这个枯燥的工作过程，对着墙上的数字不断重复地问自己：“我们能管理你吗？”

花在销售人员身上的辅导时间——“我们能管理你吗？”当然，销售经理可以花更多的时间辅导销售。

每个销售人员拜访客户的次数——“我们能管理你吗？”当然，销售经理可以要求他的销售人员多拜访客户。销售代表可能不情愿，但那是遵不遵守命令的问题，与指标本身能不能被管理毫无关系。我们完全有理由相信销售经理可以管控销售代表每天拜访客户的次数。

收益情况——“我们能管理你吗？”经过深思熟虑，我们给出的答案是不能。销售经理可以采取一些行动最终影响到这个数字，但他们不能真正直接改变这个数字，尽管他们试图去改变。

那现有的客户钱包份额呢？显然也不能。经理虽然可以采取一些行动最终影响到客户把一些生意交付给自己的公司，但他们并不能真正、直接地改变这个数字——客户必须同意才行。

客户计划完成率呢？可以。经理当然可以要求销售人员完成他们的客户计划书。也许有人无法完成，但这与衡量指标无关。

就这样，我们一遍遍重复着同样的问题，拷问了整整 306 遍。

我非常想告诉各位，我们做这件事不过花了几个小时而已。但很不幸，实际上我们花费的时间比你们想象的要长得多——几天、几周，乃至几个月以来，不停地排序，打乱顺序；分类，重新分类；不停地折磨墙上的这些数字，企图让它们彻底招供它们到底知道些什么。这期间，我们还要时刻注意去跟客户沟通、讨论，而有时讨论的结果让我们不得不将一周工作得出的结论全部推翻，重新来过。

在复杂的关系网中找出规律并非易事，这需要一个抽丝剥茧的过程。经过一天天努力，一次次尝试，墙上的每一个衡量指标都需要分门别类，从混乱逐渐变得清晰。最后，依赖这一个问题，我们得到了这些衡量指标的整体框架。我们相信，这个框架映射了今天大多数销售组织是如何被管理的。更准确地说，它揭示了销售组织可以如何进行管理，而管理中又有哪些禁区。

销售活动、业务结果和中间地带

最终，我们发现有些销售数字可被管理的可能性很强，这些指标基本都和一线的销售活动息息相关。而同时我们也发现有些数字则完全不能被管理，这些数字几乎都体现了公司层面的业务结果。除了上述的情况，还有介乎于两者之间的第三类数字指标，易于管理的可能性不大，但却很容易被影响。而这类"中间地带"的数字指标就是销售管控指标，它们是连接销售活动和业务结果的路径。我们将逐一解释这三类指标，带各位开始我们的这场特殊旅程。

销售活动指标

再次回到作战指挥室。我们很高兴地发现，在墙上林林总总的指标中，很多都是可以被精准管理的。根据我们的研究，17% 的指标的可管理性是很强的。当然，这也意味着，80% 以上的销售管控指标是不能被直接影响和管理的。不过在此，我们姑且不论这部分指标。

在不到两成的管理可控性较强的指标中，跟我们前文列举的辅导销售人员的时间、每天客户拜访的次数、完成客户拜访计划的数量的例子有相似之处。它们基本上都和销售或销售管理的活动有关。这些被我们称为销售活动指标的范例有：

- 每个销售人员的客户拜访数量；
- 销售人员使用 CRM 的比例；
- 客户计划的完成比例；
- 每个销售人员的客户数量；
- 每名销售经理管理的销售人员数量；
- 花在销售人员培训的费用。

销售活动指标是用来量化和跟踪销售团队日常所做的事情的。销售代表做了什么？他们做得怎么样？销售经理做什么能给他们提供支持？打电话、完成客户战略计划、拜访潜在客户、参加培训、写建议书、辅导销售、召开客户会议……每件事都需要逐一落实。

在销售团队里，这些事都是看得见摸得着的。销售代表们为了营收业绩的增长都在不停地打电话，起草客户计划希望客户能从自己这里购买更多的产品，这些都是显而易见的；而我们难以感知到的是营销收入，是客户钱包份额。销售活动是其他结果的起因。

这些销售活动和与之相应的衡量指标也是可以被管理层管控的。实际上，它们是墙上那些指标中唯一能被改变的数字。销售代表和销售经理的活动可以影响剩下 80% 的衡量指标，但那些指标不在我们直接管控的范围，它们不是我们所做的事的直接结果。

我们的调研结果揭示了一个无可辩驳的事实：

活动可以被管理，结果不能被管理

乍一看，这个观察好像没什么大不了。当然你只能管理活动，谁需要读一本 200 多页的书去学这个。别那么笃定，它可能没你想象的那么简单。当我们把我们的研究同世界各地的销售管理者们分享的时候，面对种种数据和案例，聆听者们不约而同地感叹：“我真是如梦方醒呀！”接着他们会按照新的认知，列出一份简明扼要的销售活动清单来去重新衡量整个销售团队。

我见过职场上太多聪明而且取得一定成就的人，耗费了自己职业生涯大部分的时间，想方设法去管理一些后来被证明根本不能管理的事情，而一些本该用心管理的事却被他们忽略了。

在这点上我们也有同样的错觉。即使我们被迫逐一审视 306 个衡量指标，还依然认为自己有能力管理那些我们臆想中能够掌控的东西。但是，当我们仔细研究销售经理到底能做什么时，却发现他们是可以分配公司资源和指导销售人员活动的。所以人们可以泛泛地谈论管理营收、管理利润，但最后领导们只能管理那些他们可以直接掌控的事情。总而言之，销售活动指标是关于所有行动的。

业务结果指标

现在，我们将目光从较为底层的衡量指标转移到顶层。业务结果指标是一个组织的制高点。实际上影响这些顶层衡量指标的因素已经超越了销售组织——财务部门、制造部门、市场部门甚至外部的竞争对手，乃至整体经济状况都可能影响这些数字。在我们作战指挥室的那面贴满各种错综复杂的指标的墙上，有 24% 的衡量指标属于这一类。属于业务结果指标的例子有：

- 营收增长率；
- 市场份额；
- 毛利润；
- 客户满意度。

由于业务结果指标处在顶层，它能帮助我们评估公司整体的健康水平。我们是在成长还是衰退？是否在盈利？我们在竞争中处于什么位置？客户对我们满意吗？这些都是衡量指标中的顶层数据，组织里的每个人——包括股东，都会拿它们来衡量业务单元的成败。它们也会出现在财务报告、公司年报上，向全世界展示。这些都是非常重要且曝光率极高的数据。

当我们将客户拜访次数和营业收入两类指标放在一起对比时，很容易判断出我们对业务结果指标和对销售活动指标所具备的控制力是完全不同的。如果我们的生活突然变得要依赖于“创造数字”，那我们肯定更喜欢那些易于执行的数字，比如辅导销售人员的时间，而不是客户满意度。至少这样我们更有动力也能更直接把命运掌握在自己的手里。

在一些人还在做着激烈的思想斗争要不要放弃“管理”营业收入的想法时，我们的研究已经显示出，我们自身是没有办法直接控制营业收入和其他业务结果指标的，事实也是如此。但先不要沮丧，可喜的是，我们是可以做一些事情来影响这些指标的——而且可做的事还很多。

当我们得到这个结论时真是喜忧参半。之所以忧是因为它把我们从自己能掌控未来的感觉中拉了出来。长期以来，我们笃定自己可以管理很多事情，仿佛一切尽在掌握，然而事实却是我们能掌握的事情非常有限——业务结果指标受制于很多要素。不过让人受到鼓舞的是它能让我们把注意力集中到当下，集中到那些我们可以实际管控的事情——那些我们身边每天都在做的事情上来。

销售管控指标

在活动指标和结果指标之间还有一类处在中间地带的指标，是从一头走向另一头的中间步骤。这些指标被看作是销售活动的管控指标，用来确保销售活动跟所要达到的业务结果方向一致。我们称之为销售管控指标，如图 2—2 所示。

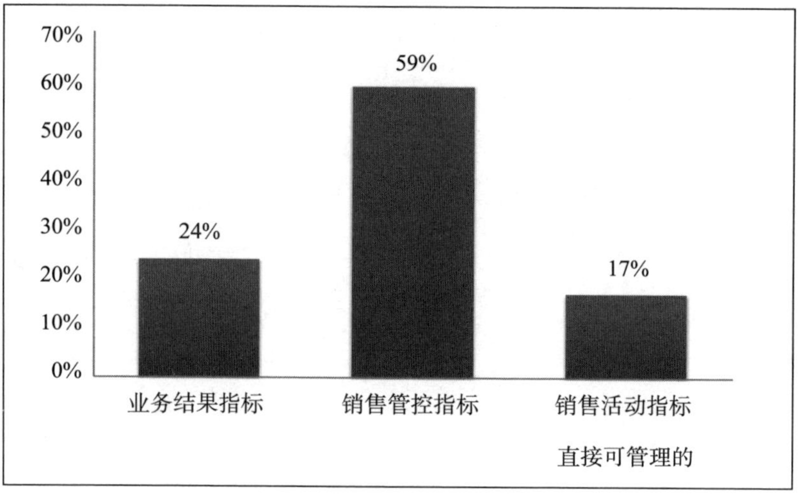

图 2—2　销售衡量指标分类

当用我们自己设计的问题来检验所有的衡量指标时，销售管控指标是最令人苦恼的。它们看上去那么容易受影响，让我们觉得销售管理者们只要付出努力就能管理它们，但这些指标又明显不像打电话、完成客户计划那些具象的活动。它们大部分也没有像营销收入、市场份额之类的指标对组织具有普遍价值。实际上，其他很多部门根本不在乎这类衡量指标。

这些衡量指标是销售部门独有的。销售管控指标可能是公司高层下达的，也可能是销售组织自己设定的。在这类占比 59% 的指标中，我们发现主要有以下内容：

- 客户钱包份额；
- 新获得的客户数量；
- 销售新人的培养时间；
- 客户留存比例；
- 目标客户的接触比例。

很容易看出这些指标会让我们产生在自己可管控范围之内的错觉：如果我做好客户计划的话，我能增加已有客户钱包份额。只要我多拜访些潜在客户，我应该能获得新的客户；如果我能给他们更多培训，我应该可以缩短销售新人的培养时间。似乎每次我们遇到这些衡量指标，总会信心满满地在心里大呼："我能管理好你们，只要我能做到……"而图 2—3 直观地总结了我们的上述论断。

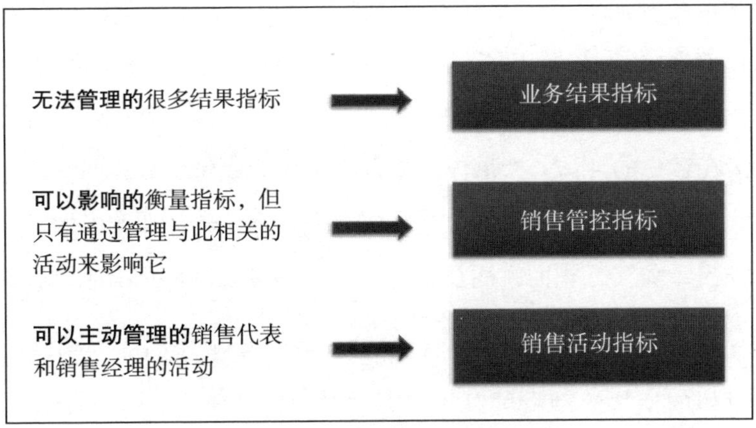

图 2—3　销售衡量指标的可管理性

这些指标无法被高度管理，但我们却可以通过某些特定的销售活动直接影响它们。我们跟这些指标一遍一遍地进行着相同的对话："嘿，我们能管理销售管控指标吗？嗯，可能吧，如果你做好销售活动。"刚开始我们很难区别这两类指标，但很快我们发现努力将它们区分开来是我们破解销售管理密码的第一步。

路径清晰了，销售密码自然就被破解了

想要管控某件事的基础是我们必须了解所做的事和所期望的结果

之间的联系。好比一辆汽车，踩油门车就会提速，踩刹车就会减速，转动方向盘，汽车就会转向。如果将销售组织比喻为一辆汽车，销售管理的过程就像是驾驶汽车，有时需要变速，有时需要转向。不过可惜的是，销售组织并不像汽车那样作出如此明确的可预期的反应，而这与销售管理者还没有充分地去理解组织工作中的因果关系有很大关系。

这也是我们为什么费力气把销售活动指标和销售管控指标分隔开来的重要意义所在。很明显这两类衡量指标有非常紧密的联系，管理某些销售活动会直接达成某些销售管控指标。如果你需要更多新客户，多做潜在客户的拜访；如果你需要客户更大的钱包份额，那就做好客户计划；如果你需要你的销售人员更快上手熟悉工作，那就多做培训。一旦这种模式确立，我们就能在这两类衡量指标之间游刃有余地使用了。

就像发现我们只能管理销售活动一样，发现我们能预测通过实施哪些具体的销售活动就可以实现哪些销售管控指标，也会给我们带来恍然大悟的反应。当然这需要在我们做对的前提下才能达成的。当我们将这个发现跟销售领导分享时，我们看到了很多茅塞顿开的反应。下面我就来解释下为什么会是这样。

事实证明，销售经理很擅长告诉销售人员他们想要什么（销售管控指标），却往往不能给出清晰的指令，告诉销售人员应该怎么做（销售活动指标）。有多少销售经理告诉销售人员，我们需要从现有客户身上多挖掘生意？这其中的比例肯定要超过告诉销售人员要去做一份好的客户计划的人。又有多少销售经理告诉销售人员要去找更多的新客户？肯定也比和销售人员一起潜心描绘潜在客户蓝图的人多。

这个警醒并不是做什么就会带来什么结果，而是如果你想达到某个结果，就必须做与之相关的某些特定的事。如果你想要得到客户更高的钱包份额，你的销售人员就必须做好客户计划；如果你想要更多的新客户，销售人员就必须制订一份详细的潜在客户发展计划。没有明确的销售活动就要求达成某种销售管控指标，尽管这可能不会造成什么大的灾难，但绝对会增加销售业绩的不可预测性；而且更重要的是，不可控的风险也将随之增加。

我们发现销售管控指标和业务结果指标之间也具有同样的关系。有些业务结果指标可以通过若干销售管控指标来达成。例如，如果你的公司希望获取更高的市场份额，途径之一就是你可以提高现有客户的钱包份额（销售管控指标）。如果希望得到更高的营业收入，可以增加新客户的数量（销售管控指标）。在此，我想再次强调，不是说达到了销售管控指标就能实现业务结果指标，而是要达到某种业务结果指标，你必须设定与之相关的销售管控指标（如图 2—4 所示）。

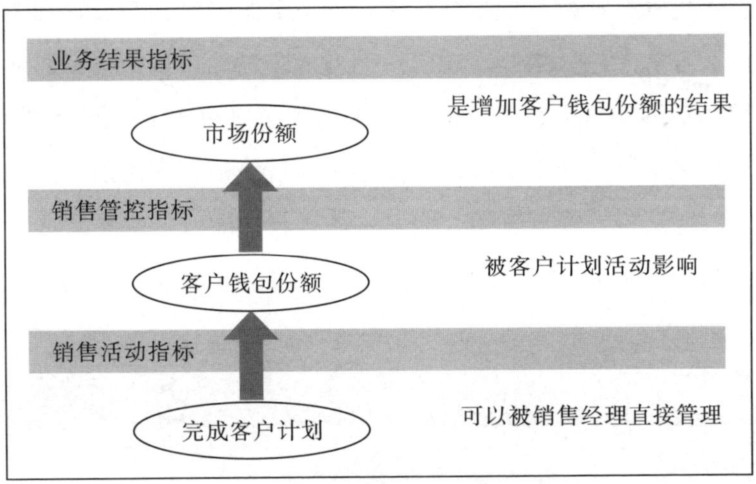

图 2—4　销售管理的因果关系图

公司高层不能只要求销售团队完成业务结果指标，比如增加市场份额，还应设立销售管控指标，比如明确的客户钱包份额。这样更有助于销售团队完成业务结果指标。但是，有多少销售组织实际上只接到达成营业收入目标这一项指令，又有多少销售人员在接收到这个笼统的指令后就开始闷头苦干，实在太多了。

如果只知道给一线销售人员业务结果指标，而不给出任何方向，那对于最终的惨淡业绩，公司管理者也难辞其咎。没有明确的销售管控指标，而只有泛泛的业务结果指标，销售经理和销售代表就只能自下而上地靠自己去设想来完成上层业务结果指标的路径。整个销售团队那么多人，自然就会产生各不相同的理解。更糟糕的是，在这样的情况下，我们无从知晓他们各自的客户计划，也就很难指望他们的行动能对公司业绩的增长带来多大帮助。

当管理层提供给销售团队自下而上清晰的路径时，销售管理的密码自然就被破解了。当一线销售人员清楚自己该做什么销售活动，达成哪些销售管控指标就能带来什么样的业务结果时，销售管理的密码也就能被破解了。如果公司现阶段的目标是增加市场份额，那就需要达成更高的客户钱包份额，就需要销售人员做更多的客户计划活动。跟期望相关的所有三个层级的衡量指标就应该被设定出来，然后进行持续跟踪。这样，管理者们就能向一线销售团队自信地发出清晰的命令，从而取得漂亮的业绩。

销售状况检查

我们定义了销售组织的三层衡量指标。

销售活动指标：可以完全管理的，指标可以凭借意愿改变。

销售管控指标：可以直接影响的，指标可以通过管理某些销售活动来驱动。

业务结果指标：完全不能管理的，但是结果取决于是否达成某些具体的销售管控指标。

更重要的是，我们建立了这三层指标之间的因果关系。销售活动指标驱动销售管控指标，销售管控指标驱动业务结果指标。比如，如果你做更多的客户计划，你就能取得更高的客户钱包份额，就能增加更多的市场份额。

理解这个因果关系并没有那么复杂，重要的是你能反向地建立这种关系。如果公司今年的目标是增加营业收入，那你就需要选择最有可能帮你达成结果的具体的销售管控指标；如果决定增加新客户，你就知道必须管理能影响这个销售管控指标的销售活动——增加覆盖潜在客户。

当然，你也需要把三个层级的衡量指标联系起来，跟踪销售活动的执行情况，检查销售管控指标和业务结果指标的进展。假设你的营业收入需要增长3%，通过分析，你发现下属的每一个销售人员必须每人每季度开发4个新客户才能达成这个结果，由此推算出一个销售人员平均需要每季度拜访16个潜在客户和发展4个新客户。作为销售经理，你现在已经可以在销售活动层面设立期望值了。你的销售代表知道该干什么，而你也知道该管什么。如此良性运转，管控销售团队的业绩就游刃有余了。图2—5能帮你更直观地理解我刚才所讲的事例。

好了，旅程走到这里，我们已经揭示了对销售管理的挑战和局限的发现。

■ 我们发现不是所有的销售衡量指标都是同等的。“作战指挥室”墙上的数字很多是不能如领导们所期望的那样被管理的。80%以上的数字只能被间接地影响。

- 我们在它们之间建立了自然的关系，这样就可以对能管理的数字有某种程度上的强制性。管理销售活动可以达成销售管控指标，进而达成业务结果指标。
- 我们说明了如何反向建立公司高层目标和销售活动之间的关系。以终为始的设计让我们可以通过各种相关的衡量指标促成结果的达成。

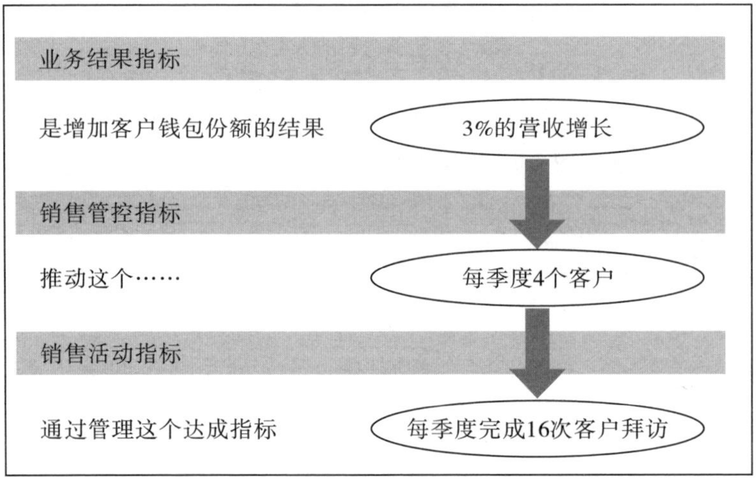

图 2—5　反向设计销售衡量指标链

回头看我们来时的起点，就像在前几页中提到的，销售组织急切地需要一本操作指南。现在墙上的数字变得更有意义了，我们学习到怎样才能运用它们去掌控销售组织绩效。但是，我们还没有真正破解销售管理的密码。了解这些数字到底是怎么起作用的，这正成为了当务之急。

第 3 章 业务结果指标：公司运营的健康指数

销售庆功会上的明星

恰逢上一财年刚刚结束，作战指挥室里人声鼎沸。

兴奋弥漫在这间会议室的空气中，整个管理团队都在等着率先目睹公司在刚刚过去的一年中所完成的数字。大家讨论着今年战胜竞争对手的几个大单，感谢第四季度的“压哨订单”。12 个月的辛苦工作，都为了最后这一刻结果的揭晓。大家都目不转睛地盯着墙上所张贴的数字。

在这些数字里，谁会是今天庆功会的明星呢？去年销售团队的客户拜访量是多少？如果管理团队是在这里指挥销售活动，那个信息会很重要，但这不是今天的目的。那去年的新客户数量呢？这确实值得好好研究，但销售管控指标今天也不是主角。

那些造就或破坏今天作战指挥室气氛的数字大多是业务结果指标。公司达到营收目标了吗？有没有获得足够的利润让投资者满意？这是大家齐聚于此所期待的数字。不是销售活动，也不是销售管控指标——而是纯粹的营收和利润。只关注业务结果指标是不是高管团队太短视了？不，完全不是。事实上，本来就该如此。

业务结果指标是墙上最重要的数字，它们是公司参与市场竞争最终的比赛结果。业务结果指标就是公司整体的健康指标。这些指标包括营收、利润、市场份额和客户满意度——这些最终会体现在财务报表和公司年报上的数字。这几个数字可以让任何一个看到的人都能十分清晰地知道组织的运转状况。漂亮的数字显示了一个公司的健康状况。

这就是业务结果指标最主要的作用——衡量公司的总体状况。这些指标不依靠某件事或某个人，它们是整个公司共同努力的结果。市场、制造、销售、高层，所有人都要对营收增长、市场份额的增加贡献着智慧和力量。如果业务结果指标上涨，组织中的每一人都有功劳。如果业务结果指标下降，每个人都要想办法去扭转颓势。和销售管控指标和销售活动指标不同，公司每个部门都不能推卸对业务结果的责任。

干得漂亮

在日常生活中，我们通常会和老友打招呼问道："最近怎么样？"我们期望的回答是："很不错。我喜欢自己的工作，家庭和睦。总的来说，一切都很好。"同样，如果公司的现金流量好，有着不错的市场地位和客户满意度，发展势态良好，那就是健康的公司。图 3—1 列出了业务结果的三个主要指标。

财务指标：
与财务相关的衡量指标：营收、利润、费用（包括财务预测）

满意指标：
客户和员工对公司的感受

市场份额：
跟竞争对手比所占据的目标市场的比例

图 3—1　业务结果指标

你应该知道，我们有很多方式来衡量公司的状况。

首先，有自我检查的指标，我们称之为“财务指标”。这是公司自我定义的健康水平。你需要多少营业收入？多少利润算是好的回报？业务结果指标无疑是公司管理团队用来检验自我定义的“好”的财务指标。

其次是反映别人看法的衡量指标，它们是公司所重视的人群对公司健康的看法。我们用满意度来标志这类指标，包括组织的客户和员工。同自我定义的财务指标不同，这些数字带有高度的主观性。选择标准主要取决于客户和员工个人的体验，详见图 3—2。

最后是公司跟别人相比的指标——市场份额，它是把公司业绩放在整个行业的竞争环境中衡量公司优劣的指标。在有些行业，市场份额就是最主要的公司状况指标，丢失市场份额就意味着衰亡。

总之，我们总结了三类业务指标，以期从不同的角度检测公司的健康状况：

- 我们自己觉得公司健康吗？

- 别人觉得公司健康吗？
- 跟别人比，公司健康吗？

让我们来仔细看看每个问题的答案吧。

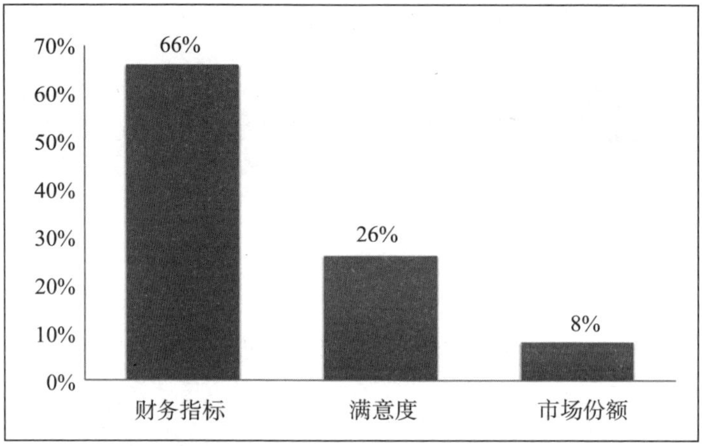

图 3—2　业务结果分类的比例

一切以财务数据为核心

在销售管理的发展进程中，有一个不容置疑的绝对指标——销售组织的第一衡量指标是营业收入。即使今天，它也是每一个与我们合作的销售组织必然衡量的指标。上市公司用它衡量市场表现，CEO 靠它给自己鼓气，公司销售负责人会因它被开除，一线销售人员会被它所激励，销售提成也是以它为基准。营收简直就是全能绩效指标。

我们调查中的其他财务指标也同样都令人敬畏。远远早于客户满意度、市场份额、销售机会管道这些概念的出现，财务指标就是重要的决定公司生死的指标。对衡量公司健康来说，这些财务数字是生死攸关的数据。如果它们出现了问题，谁也救不了你，失败也在劫难逃。

正因如此，在我们研究的业务结果指标中，财务指标占到绝大多数就不足为奇（详见图 3—6）。无论在世界哪个地方，它们绝对是一个公司最为显眼的数字。公司里的每个人都需要对它负责，特别是高层主管。

如我们之前写到的，这些数字是领导团队自己对公司健康的定义。如果报告中只提及 5 亿美元的收入，和 1 亿美元的利润，而没有任何组织期望值的背景，那么这些数字说明不了问题。对 GE、沃尔玛这样的大公司而言，如此的业绩数字等于宣布公司已经濒临死亡。但对很多小公司来说，这就是令人振奋的胜利。除非故事悲剧到公司破产，公司领导团队应负责给公司和股东设定健康预期。

确实，财务指标不需要过多解释。身为销售经理的你已经非常熟悉了，在此我们就不做过多赘述。当我们来回打量作战指挥室墙上的数字时，财务指标所显现出的一个特点给我们带来了些许困扰，我们意识到这可能值得研究一下。

当我们看着墙上的数字，试图把它们清晰地分别归类为业务结果指标、销售管控指标和销售活动指标时，财务指标——特别是营业收入——着实让我们挠头。管理层按捺不住要把这个财务指标分配给组织的每一个部门。因为根据管理会计的原则，营业收入很容易被分配，企业的每个部门似乎都会被分配与营收或利润相关的指标。于是我们就有了一些发现，暂且称之为**复合衡量指标**，这些多层指标给我们造成了困惑。

当我们看到营收增长率这个指标时，我们想当然地把它放入财务指标的范畴内。但当我们看到“XX 产品营业额”时，不禁让我们停顿下来思考：我们是不是应该把它归类为财务指标，因为它能衡量营业收入？还是应该把它放在销售管控指标内，因为它在跟踪某种产品的销售状况?

如果我们看到营业额 / 每次销售拜访，我们是该把它归到业务结果指标里，因为它衡量的是金额。还是该把它放到销售活动指标里，因为它指的是销售活动?

你很快就会发现，营业收入简直是万能的！它可以被分配到任何你能想象得到的业务上。我们最后得出结论：这些复合衡量指标是最好的分子分母方程式。**对销售管理来说，分子就是营业收入，分母可以是任何东西**。我们一次又一次地看见这样格式的指标：营业收入 / 任何东西。比如，营业收入 / 销售、营业收入 / 产品、营业收入 / 现有客户、营业收入 / 每个阶段的销售机会。一个新的问题冒了出来：

营业收入 / 任何东西，到底是在衡量营业收入还是“任何东西”?

在我们这样折磨这些数字和我们自己时，我们有了一个重要的发现。思前想后我们得出来一个结论，即这个衡量指标并没有它们要去衡量的那么重要（见图 3—3）。对于像营收增长和利润率这样“简单”的衡量指标，我们很容易把它们归入业务结果指标类别里。因为它们是衡量公司总体健康水平的，这些指标能回答公司有没有实现自己的最终目标。

$$\frac{\text{营业收入（分子）}}{\text{销售组织任何事情（分母）}} = \text{营业收入 / 任何事情}$$

图 3—3　销售管理最受青睐的衡量指标

对于这些复合衡量指标，我们认为它们是想管理任何事情而不仅仅是充当分子的营业收入。比如新产品所带来的营收增长并不是想要树立一个营收增长的标杆，如果想要那样的效果直接衡量营收增长率就好了。总体看来，这是为了衡量新产品销售是否成功，所以它应该属于销售管控指标范畴。这个指标是为了销售更多的新产品，所以报告新产品有没有带来收入的增长就能体现新产品销售的市场表现。

设计出这种复杂衡量指标的现象有时候会很极端，比如衡量每位销售人员在不同销售阶段内新产品的营业收入。仔细研究后，这个指标既不能衡量营业收入，也不能衡量新产品的销售状况，更不能衡量销售周期，虽然表面看上去它可以做到这些。实际上，它是想通过销售周期的营收量来衡量新产品销售的效率（见图 3—4）。解读销售衡量指标可是一件非常劳神的事情。

我们可以把利润和营业收入一样分派到任何地方。不管多么复杂，最后它实际上都是在衡量“分母”——任何事情。当我们学会去看墙上的那些“分母”时，破解销售管理密码的过程开始变得轻松和清晰起来。

同时，通过我们对财务指标的研究，了解到我们不能光凭字面表述来判断它所属的类别。为了更准确地理解销售衡量的价值，我们必须明确这些数字到底是要衡量什么。在我们最后为公司业务设计核心销售组织衡量系统时，这些细微的差别会变得非常重要。

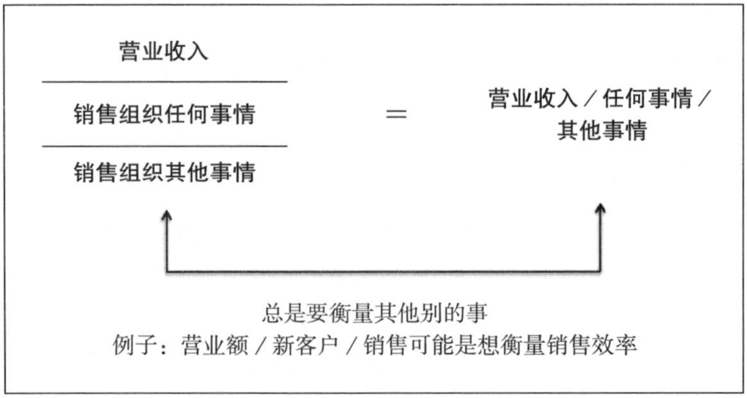

图 3—4　复杂指标到底在衡量什么

消失的销售机会管道

在前面的章节里，我们提到过财务指标（特别是营业收入）是公司的命脉。没有收入，没有利润，公司倒闭是迟早的事。如果营业收入不能满足公司的期望值，那这就变成了为公司高管离职预留的出口。

因为它的重要性，企业高管们不能坐等营收进账时才开始重视——必须从产生营收的源头抓起。因此，销售管理的一大职责就是从潜在销售机会中对营收进行预测。预测让高管们可以看到未来还有多少营收机会，以此来管理股东们的期望值。

毫无疑问，公司管理层最爱用的实时预测机制就是销售机会管道。就像营收一样，销售机会管道在此也不做赘述。在我们所研究的指标中有很大的比例是关于销售机会管道的。总体来看，这些指标包括：

- 总体销售机会营收量；
- 处在销售周期不同阶段的项目数；

- 项目进入到下一个阶段的比例；
- 销售周期的天数。

当我们开始从被调研的公司中收到这些衡量指标时，我们马上就在“作战指挥室”的分析墙上为所有跟销售机会管道有关的指标开辟了一处专门的分析区域。最初我们认为这个类别会很简单，只要回收的指标信息上带有“销售机会管道”或“销售周期”的字样，我们就把它归到这一类中。而且，几乎每家公司都已经设计好了自己的一整套销售管道指标，我们当初就是简单地把它们一股脑儿地归到墙上开辟出来的那块销售管道指标专区中。但随着研究的深入，“专区”里的这些指标让我们愈发疑惑了。

开始，我们觉得这些指标属于“完全不能管理”的业务结果指标范畴。这看上去很有道理，因为大部分这样的指标是用“金额”来衡量的——销售机会总量的金额、销售周期各个阶段的金额，等等。当然这些金额最终会转化为营业收入，而我们已经证明营业收入是无法管理的。由此看来销售机会管道就是业务结果指标，无法被管理。

但当我们建立了销售管控指标这个可以被影响的第三类指标后，我们不禁打量分析墙上的销售管控指标和销售机会管道指标，比如赢单比例、项目进展比例等。这看上去似乎销售经理能通过辅导一线销售人员培养销售技能去影响这些指标。而且事实是，如果销售经理不能影响诸如赢单比例这样的指标，那还要销售经理干吗。销售经理最好能影响销售机会管道，否则销售组织就有麻烦了。

我们怀疑销售机会管道指标是非常复杂的，这件事一直困扰着我们。但我们不能长时间陷在这里停滞不前，因为还有很多指标等待我们去分析。在没有更好的方法描绘销售机会管道指标之前，我们还是让它们躺在墙上的专区位置，分类依然是无法管理的业务结果指标。

我们对于当时暂且搁置的做法也有些无奈，我们都期待着能获得一种灵感：指标并不是如它们当初被设计出来时那么重要。我们跌入了通过它们的标签来做定义的陷阱。我们需要去审视它们的本质以发现它们到底该属于哪种类型。最后，我们找到了一个新的问题来解决销售机会管道指标——我们对着这些指标不断发问：你们真正要衡量什么？

很快，我们就发现销售机会管道指标有两个完全不同的用处：其一是为了看到公司未来的健康状况。这类指标包括：机会总金额、总机会权重值，它们指向公司层级。通过给销售团队的总体机会按不同阶段分配金额和可能性的指标给销售团队的机会总和，管理层就可以针对整个组织作出可信赖的销售预测。这就是墙上这些销售机会管道指标要发挥的第一个作用——通过按可能性建立一份权重财务报告，来预测业务结果是好是坏。

销售机会管道指标的第二个用途是用来衡量销售人员在销售周期内推动机会的效率。这些指标包括：项目推进比例、交易成功率，它们通常会在个人层面上进行报告。它们不是公司层级那样的财务报告，而是销售经理用来分析和提高销售效率的目标和工具。当发现客户的项目停滞不前，销售经理可以为销售人员提供指导和支持，帮助他们推进项目。

于是我们开始把这些数据从销售机会管道指标类别里分离出来，分别放到两个不同的地方（见图 3—5）。任何看上去是衡量公司未来健康状况的指标都留在业务结果类别里，只不过被归到了与营业收入一类的财务指标里。不管是已入账的收入还是预测性收入，它们都是用来回答同一个问题：公司状况健康吗？

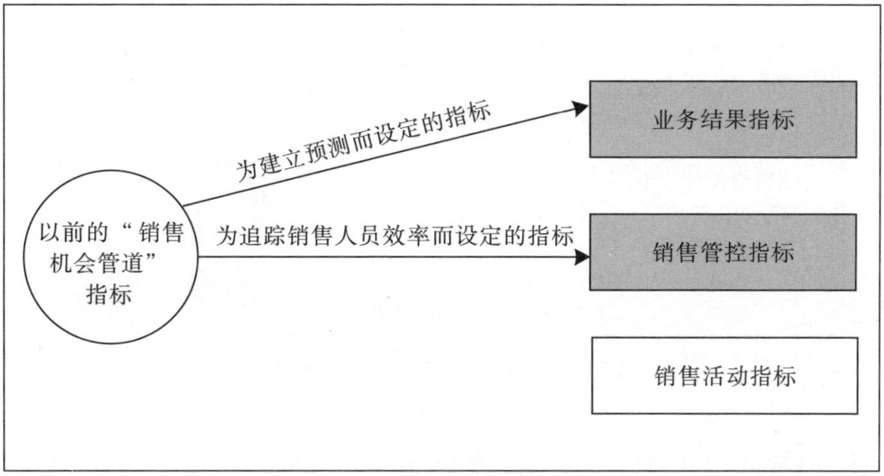

图 3—5　销售机会管道类别归类图

其他用来衡量销售效率、保证销售机会进展的指标被放到了销售管控指标的类别。销售经理可以通过辅导、培训这样的活动来影响这类指标。此时我们的管理框架可以让销售经理们更好地管理交易成功率。更重要的是，我们的模型离事实更近了。

因此，我们对销售机会管道指标的突破在于，我们把“销售效率指标”与“销售预测指标”分开。销售预测指标被归入业务结果指标中的财务指标栏，而销售效率指标则被归入到销售管控指标里等待进一步分类。销售机会管道的疑惑解除了，这个类别也就不存在了。现在我们只剩下三类业务结果指标：财务指标、客户满意度、市场份额。如图 3—6 所示，一切豁然开朗。

营业收入

- 营业收入（10）
- 营收增长率（5）
- 完成任务的销售人员比例（5）
- 营收/销售人员
- 营收完成率（2）
- 营收差
- 签单金额
- 营收增长量
- 入账收入
- 销售平均产能
- 收入/员工

利润

- 利润（4）
- 利润/员工
- EBITDA 比例
- 销售回报
- 毛利润

销售机会管道/销售预测

- 销售机会增长额
- 销售机会平均大小（2）
- 销售机会总量
- 销售机会倍数
- 销售机会大小
- 销售机会权重金额
- 6个月销售机会预测
- 存单营业额

至少有一个此类指标的公司

100%

图 3—6　业务结果指标——财务指标

满意了吗

人们喜欢思考自己，也乐于知道别人怎么看待自己。虽然我们个人不会定期跟同事询问自己被喜欢的程度，但公司却有这个偏好。对公司来说，被喜欢的程度通常是用“满意度”来衡量的，我们发现有26%的业务结果指标属于这一类型。

满意度指标跟公司的健康状况检查稍有不同，它们更像是在问你：“你看我健康吗？”主要有两类人会被问到这个问题：一类是客户，另一类是员工。客户满意度指标占了其中的大多数，它们通常是用如下的量化指标来表示的：

- 客户整体满意度；
- 购买便捷指数；
- 客户会向别人推荐产品的比例。

我们在调查中发现，管理层也很关心员工的看法。在我们的数据库里，与员工相关的指标有：

- 员工满意指数；
- 员工是否愿意留任；
- 员工参与度指数。

这两类满意度指标具有相似的特征。首先，它们大部分是用指数而不是比例、金额、时间来衡量的。这是因为满意度是主观的、非标准的指标，必须放在一个规定的范围内去衡量，通常用评分 1~5 表示满意程度，得分越低意味着满意度就越低。我们也会看到有公司试图把满意度指标和金钱挂钩，但其成功与否，还有待商榷。

客户满意度和员工满意度的第二个相似点是：管理层会针对总体和特别关注领域来衡量。典型的例子有："你对我们的公司满意吗？"和"你对我们的 CRM 系统满意吗？"相对而言，第二个问题更加实用，针对的是公司如何收集信息的具体问题。按一般规律，满意度的标准越具体，对管理就越有实际帮助。

如何在我们的管理框架中把满意度指标做一个准确且恰当的分类无疑是一个不小的挑战。这个挑战的困难在于如何确认它们到底是销售管控指标还是业务结果指标。刚开始，我们觉得满意度指标跟销售管控指标很匹配。如果销售团队能拿出行之有效的方法提高客户满意度，那提高销售额就是顺理成章的事了，组织的营业收入也会随之增加。

但是经过反复研究，客户满意度和客户实际购买行为之间的关系还是让人心生疑惑。在现实世界中，即使客户对公司和产品十分满意，也有很多不可控的原因最终导致他们会选择你的竞争对手。客户满意度不是一定能驱动客户购买的指标，那么在我们的模型里就不能把它们归入销售管控指标的范畴内。

同样，员工满意度对公司财务表现的直接影响也不是很明确。我们读到的大部分调查资料显示，员工满意度和组织成功之间存在关联。但到底是因为感到愉快的员工能给公司带来成功，还是成功的工作环境令员工愉快？蛋孵鸡，还是鸡生蛋？是成功—满意—成功？我们就不得而知了。

不管怎样，客户满意度指标和员工满意度指标无疑都能体现出公司的健康状况。我们不确认快乐的客户和快乐的销售人员是不是都能提高财务表现，但是不满的客户和销售人员对公司来说肯定不是什么好事。因此，我们放心地把满意度归到了业务结果指标里——对公司健康重要的指标，必须有意识地通过管理销售活动和销售管控指标去影响。

我们对满意度指标可谓爱恨参半。爱它是因为它是一种很有效的收集所需反馈信息的方式，管理层需要用这些信息帮助他们做决策。有些人可能觉得销售部门是了解客户反馈意见很好的渠道，但实际上，销售人员很可能会在不经意间漏掉了客户有价值的反馈。具有讽刺意味的是，很多销售人员经常对客户棘手的问题视而不见。倒不是他们有意为之，只不过他们忽略了某些重要的细节。

对保持长期合作关系的客户与销售组织来说，通常存在一种“亲密咒语”。经过多年合作之后，销售人员可能会对客户的一些细微信号逐渐变得迟钝，甚至麻木。更可怕的是，长期的亲密关系会带来某种错觉，觉得客户会开诚布公地跟销售人员提出他们的问题。有一些卖家经常会说："我没必要总是问客户感觉怎么样。我认识他快20年了，我们每个星期都有交流。如果他有什么问题，他会告诉我的。"现实果真如此吗？也许吧！

我想说这绝对是一种错觉。让我们来看一个例子，来诠释一下这种"亲密咒语"陷阱。多年前，我的一个朋友的女朋友突然跟他提出分手。他非常意外，而她态度坚决，要结束他们之间的恋爱关系。朋友再三追问，发现也没有什么特殊原因，都是一些生活上的小事导致女友对他俩的关系日渐不满，最终决定和他分开。

他一直很郁闷，不知道自己做错了什么，让她突然之间像变了个人似地非要离自己而去。其实从他的描述中不难看出，他们的关系出现问题已经不是一天两天了。他有些当局者迷，完全没意识到自己有多少不妥的做法伤了女友的心。而这样的过程和很多销售人员跟他们最好的客户之间的关系情形很相似。维护好和客户的关系非常重要，特别是那些有着长期合作关系的老客户，但有时长期的亲密关系会让企业忽视一些问题信号，而这些问题信息恰恰有可能最终会让亲密的关系出现裂痕。

从这个角度来说，满意度调查是非常有必要的。它为客户和员工创造了一个在轻松环境下提供反馈的机会。满意度调查问卷在很大程度上可以为企业避开"亲密咒语"陷阱，并为其保驾护航。但问卷调查也并不是万能的。

数据量太少就是一件危险的事。就算有人争辩任何数据都是好数据，但不可否认，收集的数据不够或不准确比没有数据更可怕。本书的主题之一就是当优质的衡量指标使用得当时，它就会为管理者提供洞察来做出决定、推动改变。相反地，数据不足或错误可能会导致决策失当，而错误的改变极有可能会带来毁灭性的结果。

从管理效果的角度来看，大部分满意度问卷属于不能提供足够的信息。这是因为它们只提供一个不具客观性的中间值，几乎和实际操作没有什么直接联系。如果你的公司净赚 1 亿美元，你清楚地知道这是什么意思：现在公司在银行的账户里多了 1 亿美元。如果你希望明年再多赚 5 000 万美元，你该怎么做？增加营收还是减低费用是显而易见的。

但如果你的客户满意度是 4.6，这是什么意思呢？如果你希望把客户满意度提高到 4.9，你该怎么做呢？这也是为什么我们把满意度指标称为“掌声”的原因。听见你的客户给你鼓掌让你感觉不错，但你无法确定这掌声够不够大，因为掌声没有客观的比较。你总是希望声音更大，但你却很难知道大家为什么鼓掌。你的客户都在鼓掌吗？是不是每个人都有其满意的原因？很难从一个平均值数据得到答案。满意度指标可能看上去很有趣，但它们很难理解。

满意度指标对体现公司健康程度非常有用。图 3—7 罗列出了这些指标。它们也让管理层能够跳过组织信息隔层，从客户和员工那里收集反馈信息。但是，满意度指标必须辩证地看。跟其他业务结果指标一样，它们是被组织里很多因素所驱动的。你在做出管理决定前，必须小心地解读它的含义。但跟其他业务结果指标不一样的是，满意度指标很难被清晰地诠释，因为它们本来就是由一些不清楚的衡量指标组成的。因此你可以尽情享受掌声，但你一定要确保你知道你的听众为什么鼓掌或为什么不鼓。

客户

- 满意度（4）
- 客户满意度指数
- 客户满意度打分
- 推荐客户数
- 满意客户的比例
- 愿意推荐的客户比例
- 客户忠诚度指数
- 满意率
- 业务便捷指数

员工

- 员工满意指数
- 销售团队参与指数
- 员工留存
- 员工推荐
- 员工授权指数
- 合作团队满意度
- CRM 满意指数

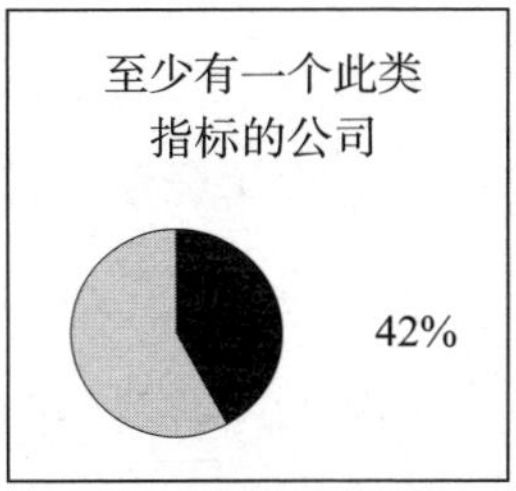

图 3—7　业务结果指标——满意度指标

抢占市场份额

我们找到的业务结果指标里的最后一个类别是市场份额，一般以百分比的形式表现，这个数字是你的产品和服务跟竞争对手相比占相关市场总量的比例。这是客户钱包份额（单个客户层级的）的总和——即所有客户的钱包份额。这个指标也非常古老了，但我们还是发现了一些与这个指标有关的有趣的情况。

在一些消费品行业或工业材料行业，这个衡量指标几乎跟财务指标相等，二者总是形影不离。在与我们合作的客户中，有的公司对这个指标异常看重，甚至包含在销售激励薪酬计划里。有些时候，占有市场份额甚至比获取利润更加重要，特别是我们看到在新时代互联网公司的崛起过程中，更是不惜代价地希望成长为各自市场的老大。先占领市场，收益自然不是问题。

还有一些与我们合作的客户，他们的首要目标就是保持市场份额。这通常是一些成熟的公司，已经稳占很大的市场份额，不愿让整个行业这条大船晃动。如果一家公司因获得太多的市场份额而引起价格战，肯定会损害到整个行业的利润。保持某种状态的平衡是企业所采取的普遍方式。

我们也有一些客户，他们所占的市场份额非常大，几乎统治了整个行业，甚至居于垄断地位，想要撼动他们的地位，比登山还难。他们能有效地制定行业规则。在这种特殊的情况下，过分宣扬自己的统治地位会引起同行的关注，从而对自己的市场份额构成威胁。还有些公司并不惧怕外来威胁，但他们希望自己的员工保持初创时的活力和激情。这类公司往往比较低调，闷声发大财。

我们看到很多公司在市场份额方面的竞争方法之一就是计算自己的潜在市场。市场份额的数字很大程度上会受到你建立的网络的规模大小的影响。例如，如果你是一家 2.5 亿美元规模的公司，在 10 亿美元的行业里，你的份额就是 25%。还有一种情形是同样为 10 亿美元规模的市场，在这个市场中有 5 亿美元是你的竞争对手所占的市场份额，你的产品根本无法撼动对方的市场，那你的潜在市场就只有其余的那 5 亿美元的市场。这样你的市场份额就是 2.5 亿美元占这 5 亿美元的比例，也就变成了 50%。

此类数学计算看上去像一个课堂练习，但很多公司都会用这些假设去部署自己的销售团队。拿我们刚才提过的例子来说，如果你决定把另一半的市场留给竞争对手，你可能只需要一半的销售人员去完成任务。如果你觉得自己的潜在市场规模是 20 亿美元的话，你可能需要两倍的销售人员去替你征服市场。你对销售资源部署和重要的管理决策取决于你对你潜在市场的规模大小的判断。

无论如何，市场份额是很多行业里公司健康程度的重要衡量指标。虽然看上去它所占的比例并不怎么多，业务结果指标里只有 8% 的指标归在这一类。但我可以十分肯定地告诉你，大多数公司都在追踪市场份额的数据。实际上，大多数公司的市场部手边都有这个数字，而我们目前调研的是销售衡量指标。在公司最高层面，这个指标与公司的健康程度息息相关，如图 3—8 所示。

- 市场份额（3）
- 市场占比
- 市场渗透
- 相对市场份额（跟竞争对手比较）

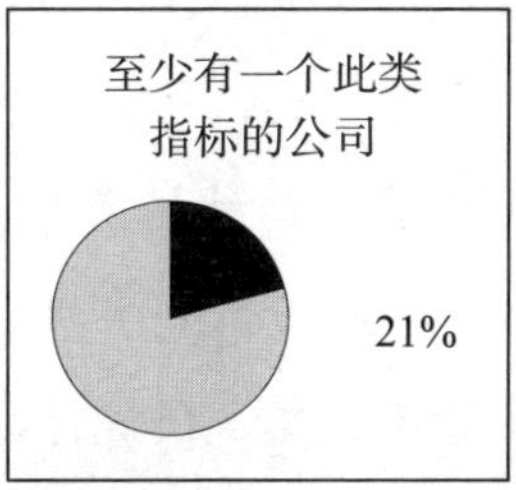

图 3—8　业务结果指标——市场份额指标

“管理结果”所存在的问题

虽然业务结果指标无法直接管理，销售经理们却在不停尝试着做这件事。销售经理们每周都要和销售团队一起检查他们的“数字”，并告诉他们怎么提升这些数字。我们实在无法计算出类似以下发生在销售经理和销售代表之间的对话每天会重复多少次。

经理：让我们来看看你今年到目前为止的业绩做得怎么样了？

（经理和销售一起盯着销售机会管道报表，这是他们讨论的主题）

销售：不太好，您看我的营收数字落下了。我不知道这个季度我还能不能完成 100 万的任务，要是完不成，那我就离全年的指标差得更远了。

经理：是的，我看见了。你怎么能把这些数字做回来？

销售：嗯，我有不少销售机会，我正在做这方面的工作。

经理：非常好，你的销售机会有多大？

销售：我这里有 400 万的销售机会，有可能在年底前结单。

经理：那你必须赢得一半的订单你才能弥补上你今年的差距。从过去的记录看，50% 的赢率有点儿高。

销售：嗯，您说得对。

经理：你的销售机会总数需要更大些才行。如果你想完成任务，你需要 600 万的销售机会。

销售：嗯，您说得很有道理，我记住了。

经理：你觉得你可以在接下来的几个星期内能取得更多的销售机会吗？

销售：我想可以，我一定更努力地工作！

经理：你能做到的。把你的销售机会总数做上去，你就能完成任务了。我相信你！

销售：谢谢！我希望本月底就能有所好转。

经理：太好了，祝你好运！

你看到的这个场景就是“管理结果”。营收数字和销售机会的大小都显示出业务结果指标无法被直接管理。这样的场景就像医生对你说：“你看着不太健康。你需要把自己弄健康些，否则我下次见到你时，你就不能变得健康了。”

检查业务结果，然后告诉销售人员去改变这个业务结果指标，并不是一个有效的管理实践。更有效的对话可以帮助销售人员选择销售管控指标，引导他们转到正确的方向上，然后引导他们最终落到那个能让他们达成销售目标的销售活动指标上来。

同样的对话，如果能以下面的方式进行相信会更有帮助。

经理：你的销售机会总数需要更大些才行。如果你想完成任务，还需要600万的销售机会。

销售：嗯，您说得有道理。

经理：所以怎么做才能增加你的销售机会呢？

销售：嗯，有几个办法：要不我再去找更多的项目，要不我把手上几个项目做得更大（两个销售管控指标的例子）。

经理：我同意，这两个目标里哪个更有可能实现？

销售：我不觉得我能找到更多的销售机会了，我现在已经投入很大精力了。我想我需要去搞定几个大项目。

经理：很好，那你打算怎么做呢？

销售：我可以集中精力卖我们的优质产品线，它的价格比其他产品售价高出50%（另一个销售管控指标）。

经理：我喜欢这个想法。那么你在未来几个月要怎样做才能实现在你的销售机会里增加几个大项目呢？

销售：我要停止拜访那些小客户，把精力集中在那些大的潜在客户身上（销售活动），也就是那些营收在100万美元以上的公司，那些公司更认可我们产品的附加价值。

经理：听上去这是个非常好的计划。我们可不可以把目标定成在这个季度末，你的销售机会里要包括50%的100万美元以上的大公司的优质产品的项目？

销售：当然，这个我会尽全力去做。

经理：太好了，那就放手去干吧。

在第二段对话中，这名销售经理没有单纯地告诉销售人员“多做些”，而是帮助销售梳理了能达到销售结果的销售管控指标，和需要怎样的销售活动来达成指标。这个从管理结果到管理销售活动的转变，可以实实在在地帮助销售经理更好地管控销售团队的绩效。管理团队不再苛求结果，而是开始指导销售行为，这样就会形成“销售活动—管控指标—业务结果”的管理链条。

因此，我们需要去看看下一层指标，看看销售管控指标是如何驱动业务结果指标的达成的。

销售状况检查

我们开始探究销售管理的密码，首先看的是无法管理的那一层指标——业务结果。最后这些指标被归为以下三类。

1. **财务指标**。这是基本的财务记账指标，如营业收入、利润（这些指标会以记账、预测或确认的形式出现）。
2. **满意度**。这些是客户和员工对公司某些方面的好恶、产品和服务或关系（鼓掌指标）。
3. **市场份额**。公司占据的可获取市场的份额指标。

这些来自“作战指挥室”墙上的指标是用来衡量公司的总体健康状况的：公司觉得自己健康吗？核心股东觉得公司健康吗？跟竞争对手比健康吗？总之，这些决定着公司的经营状况怎样。如果你有很多对你满意且能给你带来利润的客户，那你的公司一定情况不错。

对业务结果指标的研究让我们发现指标的性质是由它真正要衡量什么决定的。借用这个结论，我们去掉了麻烦的“销售机会管道”这个指标类别，把它们重新做了分类。如果销售机会管道指标是用来预测企业财务业绩的，那么就可以将其归到业务结果指标项下的财务指标里。如果它们是用来衡量销售人员推动销售项目的效率，那就可以被归到销售管控指标里。

当然，作为公司层级的指标，业务结果无法被直接管理。如果要管理这些数字，领导团队需要选择正确的销售管控指标，管理销售活动来驱动希望得到的结果，如表3—1所示。这样，我们就进入到管理指标中最核心的部分——学习如何确立和衡量相关的销售管控指标。

表3—1 业务结果的相关指标

业务结果	描述	例子
财务指标	财务相关的收入和利润指标	•营业额 •营收增长率
满意度	客户或员工总体对某些公司特定的产品、服务、关系的看法	•客户满意指数 •员工满意指数
市场份额	公司所占的目标市场的百分比	•市场份额% •市场渗透率

第 4 章

销售管控指标：销售组织的任务

销售管理真的需要那么复杂吗

业务结果、销售管控、销售活动、自然连接、逆向设计——销售管理真要这么复杂吗？当然不完全是。但是，随着销售组织的成长，销售团队的扩大，销售管理需要更加精细化。否则销售团队是难以准确地执行公司拟定的市场策略的。让我们来看一个销售管理从简单到复杂的例子。

想象一下，你现在是一名年轻的创业者，这里暂时用“格里芬”来称呼你。我们假设你发明了一台特别棒的设备，你相信它能革命性地改变全世界人民的工作环境。把你的设备安装在商业通风系统里，注入一些无毒无害的气体，就能短暂提升办公室工作人员的活力和快乐感。实验还证明，在这样愉快的环境里工作，人们的生产效率能提高 25%。你给这个颇具革命性的产品取了个有趣的名字，叫“微笑时刻”。

很快，你就有了一张印着 CEO 头衔的名片。现在你需要开展你的业务。作为 CEO，你所做的第一个高层决策是在纽约雇用一名销售人员试着去寻找些业务合作机会。市场的反应让你有点儿喜出望外。第一个月，你们就卖出了 50 台“微笑时刻”。而且你每天都会接到十几家公司的电话，他们都想要购买你的产品。业务有了起色，整个公司也运转良好。

第二年，“微笑时刻”的市场需求强劲，一个销售人员已经有点儿忙不过来了，于是你就又在纽约招聘了几名销售人员。你发现“微笑时刻”最理想的客户是那些大型办公写字楼的业主。因此你决定专注在这类客户身上。订单量随着你的精细化运作开始稳步增加，你公司的业务也在持续增长。

这时候，你的销售团队很好管理。每星期，销售人员们会搜集很多销售线索，经过筛选，找到城市里那些大型办公楼的拥有者，然后逐一去拜访他们，最终成功签下订单。不需要你过多的参与，你的销售团队就已占领了整个纽约市场。尽管产品打开了市场销路，但事情也开始变得复杂起来。

纽约市场已经是你一家独大，那何不把业务扩展到更多的城市呢？你觉得是时候扩充你的销售团队了。但是需要多少个销售人员呢？又该把他们部署到哪个区域最有效呢？虽然过去几年你挣了不少钱，但新的规划需要的投资也不是个小数目。你需要三思而后行。一个城市的销售人员太少，你会错失掉很多市场机会；但如果一个地方销售人员太多，他们跑业务时又会发生冲突，同时也给你增加人力成本。怎么部署才能合理配置销售团队呢？这个问题既复杂又需要智慧。

除了如何有效部署销售团队，你还在担心怎么才能招聘到能全力卖好产品的销售人员。在过去几年中，你注意到有两名销售人员在卖“微笑时刻”时比其他人更高明。如果现在你计划招上百名的远程销售人员，就需要确保招聘来的人都具有合适的技能而且是你需要的类型。

这也许比决定招多少销售人员还要重要。意识到自己是个发明创业者而不是个销售管理专家，你决定找一位销售副总裁来帮你建立和扩大销售团队。

事实也证明，你找来的这位销售副总裁（我们称呼为“艾薇拉”），是个名副其实的高手。在接下来的 24 个月中，她成功地在全球主要的大城市部署有能力的销售经理和销售人员。得益于这个有效的销售组织，“微笑时刻”已经安装到了世界各个大型办公楼里。这时你却发现，成功会带来更多成功的需求。

虽然你公司已经赚了不少钱，但也引入了一些投资者，投资人都高喊着要继续扩张。因此，你招来一名市场副总裁来扩大公司的业务版图。经过大量的市场调研后，这位副总裁得出的结论是公司新的市场机会蕴藏在小客户身上。如果想要公司继续保持目前的高增长，你必须下沉自己的市场覆盖，把目标客户扩展到中型办公楼。这听上去是个不错的市场策略，但针对新的客户群体，销售人员将面临新的挑战。

目前“微笑时刻”这个产品型号是为大型办公楼量身打造的，这也是为什么它能在这类客户中如此成功的原因。如果想按新的发展战略打开新的市场，你需要开发出适合小型通风系统的新产品线。好在作为一名聪明的发明者，你欣然接受了这个为中型办公楼设计新“微笑时刻”产品的挑战。仅仅用了 6 个月，你就推出了新的“再次微笑”产品线。

此时距离发明“微笑时刻”，你和你的公司已经一起经历了四年的风风雨雨。当你坐在会议室里回忆起自己最初当 CEO 的时光，情不自禁地怀念起公司初创时的那份简单。那时，你只有一个产品、一类客户和一名销售人员，生意不断自己找上门来。现在公司拥有了多条产品线、多个客户群、遍及全球的销售团队，和一群等着你实现业务成长许诺的投资人。事情好像变得越来越复杂和难以预测了。

抛开日渐复杂的局面，“再次微笑”产品线能否成功对公司的未来发展至关重要，它只能成功不能失败。但它的成功取决于以下一些重要的决策：

- 你的销售团队还需要扩充多少人？
- 他们有能力同时卖好两条产品线吗？
- 你怎么才能确保精准锁定目标客户？
- 你怎么才能保证销售团队在卖正确的产品？

四年前，当你只有一个销售人员和一项任务时，你不用面对这些决定。虽然你的办公室里弥散着从“微笑时刻”里吹来的无毒无害、使人快乐的空气，你的脸上却升起了一缕愁云。怀念起原来只需一点点营业收入就能让你享受美好时光的日子。

把握销售管控指标

这就是销售管理如何变得复杂的过程。当公司不断成长，市场策略也会变得愈加复杂时，它不再是只雇任何一个销售人员、做任何客户和卖任何产品那么简单了。有些客户比其他客户好，有些产品比其他产品好，有些销售人员比其他销售人员好。这一切都需要行动更加精准。

最近，我们的一个客户——一位资深销售管理者向我们讲述了他的销售组织的演变过程。可能你也听过类似的故事：

当我30年前开始在这里工作的时候，我的经理递给我一本电话簿说："这是电话，去卖吧。"

现在，我们的客户按优先级做了划分，市场部经常给我们派发新产品，我们需要销售人员把一堆信息输入计算机里，公司希望衡量这个，衡量那个。这简直疯了！

我们的回答是："很好。"疯狂总比愚蠢好，总比更糟或倒闭好。

在21世纪，还用一本电话簿管理销售团队的公司不是初创型公司，就是濒临破产的公司。招聘正确的销售人员，正确地给他们部署工作，锁定正确的目标客户，售卖正确的产品，这是唯一正确且能长期保持销售组织健康的方程式。每个组织需要回答的就是对自己来说，这四个正确具体是什么？

有些公司成功是因为以大客户为目标，有些公司成功则是以小客户为目标。有些公司靠卖高端产品打开市场，有些公司则是因为售卖基本产品。有些公司需要技能高明的销售人员。成功有很多路径，但历史告诉我们，失败的公司往往是什么都想做——不管是有意还是无意。

这就是为什么我们需要销售管控指标的原因。它们能帮助销售团队从野蛮生长、电话簿指导的一片混乱演变成高效、策略聚焦的专家。它们通过告诉销售团队4个W原则［即Who（谁），What（什么），When（何时）和Where（哪里）］去完成销售，引领着销售组织沿着最直接的路径奔向既定的业务结果。成功不再单纯依靠不断地去拜访客户来完成销售目标。那是一场不断试错的马拉松，你可能赢也可能输。如今成功是做正确的客户拜访从而达成正确的销售管控指标，继而完成你的销售任务——这是一个通向成功的更快、更具预测性的路径。

为了展示销售管控指标的魔力和与它相关的作为管理工具的指标，让我们再次回到前面例子中提到的“微笑时刻”公司。

这次，想象你是销售副总裁艾薇拉。上周你见到了格里芬，他看上去有点儿低落。面对董事会强大的压力，他对公司在未来三年中业绩翻番的承诺毫无底气。为了实现这个业务目标，他要求你带领的销售团队要保持每年至少 25% 的增长率。你在仔细考虑了你需要怎么管理这个增长目标后，你认为“结果导向”是最好的解决方法。于是你马上安排了一个每一位销售经理都必须参加的电话会议，让他们了解公司目前的情况和你的期望：

谢谢大家来参加今天的会议，我上星期和 CEO 碰面，我希望你们在第一时间了解到公司的业务增长目标有了新的变化。公司已经设立了未来三年收入翻番的增长目标，这意味着你们每个人都要在自己所负责的区域内有每年 25% 的增长。我知道这比我们之前承诺给公司的增长率要高，但我认为这是能做到的。对我们来说，我们已经拥有了全球范围的装机客户，现在我们又有了比“微笑时刻”价格更低的新产品“再次微笑”。基于你们过去的成功，我对你们团队的能力有信心，我相信你们会努力达到这个新的目标。跟以往一样，我永远支持你们。祝你们好运！

这个信息传达得明确而清晰：销售经理们需要想方设法达到每年 25% 的业务增长。至于他们怎么才能达到这个结果，就是他们自己的事了。在这种情形下，销售经理又会让自己的销售人员做什么呢？让我们来看看其中几位经理会后的反应。

销售经理 1：天啊！收入增长 25%？开玩笑！怎么办？很明显，我们不可能靠卖便宜的"再次微笑"达到这个目标，那样意味着我们要卖两倍"微笑时刻"的销量。我要让销售人员们不遗余力地去卖"微笑时刻"，否则我们将完不成销售任务。

销售经理 2：天啊！收入增长 25%？真是疯了！抱怨也没用，艾薇拉说得对，装机客户可能是我们最理想的新产品目标客户。我想如果我们去找那些老客户，劝说他们转而购买我们的"再次微笑"新产品，虽然新产品性能低些，但他们可以用原有的预算买两台新设备，还能为原有的"微笑时刻"设备升级。对，就这样，这样做我们才能完成任务，我要大力推进"再次微笑"产品的销售。

销售经理 3：天啊！收入增长 25%？我早预料到会有这个要求。公司总部还真是敢往我们一线销售人员身上下大赌注。现在，我怎么才能做到呢？他们既然要求 25% 的收入增长，就意味着销售要多做 25% 的工作。我会派我的销售去拜访他们城市以外的客户，我想我需要找到比 25% 更多的销售机会来让他们跟踪。尽管这有些难度，但我也只能这样孤注一掷了。

三名销售经理采取了三种不同的应对策略：一个会置新产品于不顾；一个会侵蚀老产品线；一个会盲目扩展区域覆盖。这些好像都和格里芬真正想的不一样。这样下去，未来三年，他可能最需要对董事会解释的就是为什么他们的销售团队会迷失了方向。

也许艾薇拉可以用另一种方法来避免这种没有聚焦的销售情况，她可以给她的销售经理们更多的销售管控指标，更好地指导他们的工作。

让我们再帮她组织一次电话会议，好让她的销售经理们回到正确的路径上：

谢谢你们来参加今天的会议。上个星期，我跟你们分享了公司未来三年的收入增长目标。今天，我想继续跟大家分享下我们认为怎么才能更快地达成这个目标。过去你们在售卖“微笑时刻”产品上表现得非常卓越，我们的产品已经遍布世界各地的大型办公楼。我们已经赢得了 80% 的这类大客户。我们不认为仅仅依赖这类大型客户就能有新的突破，深挖剩下 20% 的客户会让我们达到下一个业务增长目标。所以我们在不忽略大型客户的同时，必须把我们的销售重点转移到那些适合购买我们新的“再次微笑”产品的规模稍小的办公楼客户身上。

于是，我们设定了“再次微笑”的销售额，明年要达到总收入的 30%，接下来的两年还要持续增长到 40% 和 50%。我希望你们每个人能根据这个销售目标适当调整你的销售活动，尽量多地去覆盖小型客户。与此同时，为了帮助他们做好这次业务转型，你们的销售人员会在未来的 90 天内接受新产品线的培训。我还希望你们交给我一份你们认为合理的未来 12 个月的招聘计划。

希望这次电话会议能让大家对我们的目标有更清晰的认识和更坚定的信心。谢谢大家！

和第一次令人痛苦的电话会议不同，三名销售经理会在电话会议后带走完全一样的销售管控指标——明年从“再次微笑”产品线产生 30% 的营业收入。他们还明白了他们需要在小客户身上分配足够的精力以实现这个目标。还有，他们会为自己的销售人员安排产品培训，还会决定为了达到后三年的增长目标需要增加多少名销售人员。这是一个目标清晰的计划。

从以上事例，可以看出明确销售管控指标的威力，它能促使销售人员按照公司的既定目标调整销售行为。而销售管控指标是管理团队愿景与销售人员实操之间经常会被忽略掉的关键连接。没有令人信服的销售管控指标，销售团队只能各自努力，自求多福，而有了令人信服的销售管控指标，销售团队才能使命必达。

因此，某个销售管理学派认为：只需告诉销售团队你所期待的结果，然后放手让他们去做。换句话说："我们需要 25% 营收增长，如果需要我的帮助，尽管告诉我。"这种管理风格肯定比给定销售团队预先规划出路径要容易，有些经理和销售人员也更倾向于这种方法，因为这能给他们更多的空间去自我制定销售策略。但这绝不是能让一线销售人员统一行动，直接达成目标的最好方法。这就如同说："这是终点线。随便选择你们认为能过去的一条道路，但是千万跑快点儿。"

而我们认为正确的方法应该是告诉他们你需要的结果，以及他们首先达成哪些销售管控指标，就能实现这样的结果，然后相信他们会去执行。用另一句话说："我们需要增加 25% 的营收，这是你们需要做到的。"如果我是一个希望更好掌控一线销售活动的销售副总裁，我会更喜欢采用这种方法；如果我是一名在等待清晰成功路径的销售经理，我也会喜欢这种方法；如果我是一个不想去忍受试错痛苦的销售人员，我依然会喜欢这种方法。这等于告诉我："这是终点，这是到达那里最近的路线。"我们需要运用好销售管控指标的力量。

销售管理不能忘的几件事

如我们前面讨论的，业务结果是整个组织努力的结果。如果一家公司有足够多合作愉快的客户，适时达成财务预期，每个人的生活就都很愉快。公司没有一个单独的职能部门可以为整个公司的健康负责，每一个部门都必须做出相应的贡献。也就是说，只有组织中的每一位成员都达成自己需要达成的目标，公司才能达成整体的业务结果。

例如，制造部门的目标应该包含生产足够多的产品以满足客户需求；市场部的职责可能是研发出能满足目标市场的新产品；财务部的职责是要保证公司运营有足够的资金。公司的每个部门都有基于其特殊职能的自己的业务目标。

销售部门当然也有自己的管理目标。它们是销售部门对公司总体业务结果指标的贡献，也是销售团队用以完成日常销售活动的统一指南。当我们研究了墙上的指标之后，发现有四类销售管控指标（见图 4—1）。

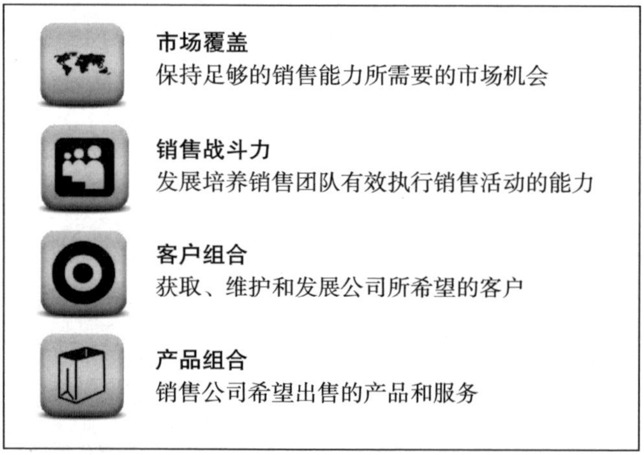

图 4—1　销售管控指标

第一组指标的标签是市场覆盖。这些指标是用来衡量是不是将足够的资源部署在了正确的地方以覆盖公司已有和潜在的客户。销售团队必须人数适当、部署正确才能充分执行公司的市场覆盖的策略。

第二组指标是用来评估销售团队战斗力。这些指标量化了销售人员是不是能高效地把公司的产品卖给目标客户。如果你有足够的销售覆盖，销售人员又具备极具竞争性的战斗力，那公司就有了一支非常强大的销售团队。

第三组指标是有关客户的。这些指标用来衡量吸引、维护、发展公司需要的那类客户。无论公司是想专注于新客户还是老客户，还是其他类型的客户，这些指标都可以用来指导销售人员去开发客户资源。

最后一组指标是有关产品的。这些指标用来衡量公司所希望销售的产品和服务。无论它们是利润较高的产品，还是具有战略价值的产品，这些指标都是为了让销售团队将正确的产品推向市场。

总之，上述这四类销售管控指标及其相关指标都是来回答我们那位年轻创业者面临公司业务增长关键时刻心中的疑惑：

- 我们是否在正确的地方部署了足够的销售人员？
- 他们能销售吗？
- 他们瞄准了正确的客户吗？
- 他们销售的是正确的产品吗？

这里还要再强调一下，销售管控指标是无法被直接管理的，他们必须通过指导销售活动来影响。比如，你不能马上就能拥有更多销售人员，但你可以开始招聘新销售人员；你不能命令销售人员掌握更多的技能，但你可以送他们去培训；你不能马上获得更多新客户，而只能要求销售人员去做更多潜在客户拜访；你不能改变目前的产品重点，但你可以让销售人员在客户拜访中多提案某种产品。因此，销售管控指标给了销售经理一个重要的方向，告诉他们该怎么管理日常的销售活动，如图4—2所示。

另外，还需要指出的是销售管控指标不总是由销售管理团队决定。市场部和公司高层在决定谁是“正确”的客户，以及什么是“正确”的产品上更有话语权。但是一旦销售管控指标和业绩指标确定了，这些就完全是销售管理者的责任了。

我们一位客户所讲的话能很好地证明这点。我们正在培训销售经理们怎么使用这本书的概念提高辅导能力，当我们正在讨论销售管控指标时，销售副总裁碰巧走了进来。他看到白板上的这些指标时，脱口而出：“这些都是我关心的事情。”是的，这是优秀的销售管理层所需要关心的问题。

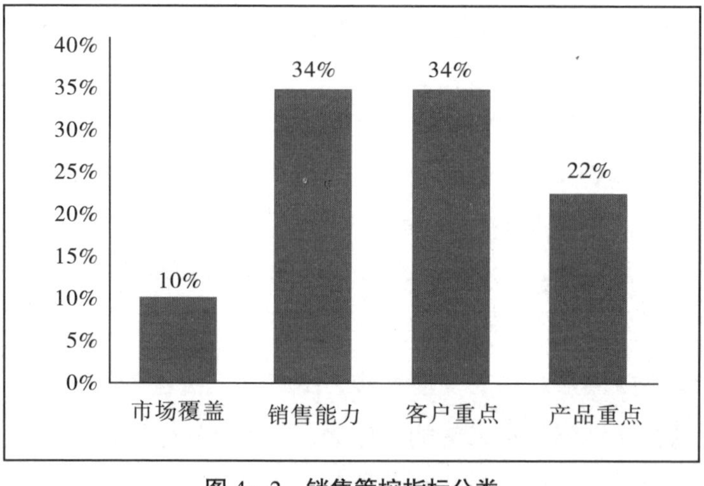

图4—2 销售管控指标分类

作为地面进攻部队的销售团队

多年以来，公司一直希望清晰定义销售部门和市场部门之间的关系。有一个我们觉得比较有趣的定义：市场部门是为销售团队提供“空中支援”。如果的确如此，我想我们可以把销售团队的作用定义成市场部门的地面部队。无论市场部门在公司总部设计了什么产品，都要由各销售区域的销售人员想方设法把它们售卖出去。但关键在于销售组织必须有正确的队伍、正确的人数和正确的战场才能赢得每场战争。否则，就肯定会有麻烦。

相应地，我们发现有一组指标就是来衡量销售组织这个维度的。我们称这类指标为市场覆盖，主要包括：

- 市场机会的覆盖比例；
- 潜在目标客户的拜访比例；
- 销售人员的有效时间比例；
- 销售空职比例。

这些指标都指向销售管理的一个关键问题：你公司有足够跟客户打交道以实现市场覆盖的策略吗？换句话说，我们有足够的销售活动去抓住市场上潜在的销售机会吗？活动太多，你的销售成本就会太高；太少，销售任务则无法完成。销售活动花在了错误的客户身上，资源就会被浪费。找到正确的覆盖模式是优化销售组织生产力的关键所在。

销售市场覆盖的指标就是为了帮助调整销售人员和时间的分配，使得销售组织能一直处在高产能、高效率的状态。

有很多方法来衡量销售活动。从公司层面，你可以计算销售团队花在客户拜访上的时间，比如所有销售每年加起来 6 万个小时。你可以单位个人计算，比如每名销售人员每天 6 个小时。你还可以从客户的角度来衡量，比如每个客户每年拜访 12 次。不管你选择哪种分析方式，市场覆盖指标都是帮你去评估你此时有没有足够的销售人员去完成你想做的事，如见图 4—3 所示。

可用资源指标

- 招聘时间
- 新人上岗时间
- 产能期
- 销售时间占比
- 客户活动时间占比
- 总销售小时
- 适任人员离职率
- 人员流动率
- 销售人员流动率
- 销售人员离职率
- 离职率
- 人员岗位空缺

精准指标

- 销售覆盖准确度
- 客户覆盖比例
- 潜在客户覆盖比例
- 覆盖差距

效率指标

- 拜访成本
- 销售成本在营收中的占比
- 销售成本
- 销售总体成本

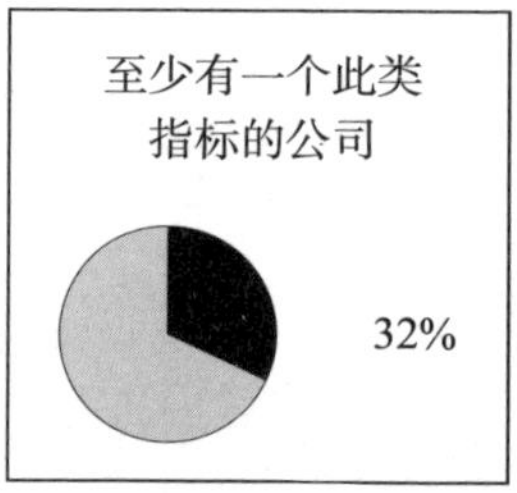

图 4—3　销售管控指标——市场覆盖

再回到我们故事里的 CEO 和销售副总裁身上，来看看市场覆盖指标是怎么在实践中被运用的。这是格里芬和艾薇拉设定了新的业务增长目标一年之后，他们正在一起讨论营收增长 25% 这个的业务结果指标的进展情况。

格里芬：艾薇拉，我必须告诉你，我对今年的营收增长非常满意。我简直不敢相信我们居然取得了 30% 的增长。

艾薇拉：是的，事情按照计划进行得非常顺利。请相信我，我们真的花了很大精力做计划。

格里芬：我知道你和你的团队这一年花了很多时间在“作战指挥

室”里。你觉得你们成功的关键要素是什么？

艾薇拉：有很多原因，但业务最大的增长来自我们的新产品“再次微笑”。

格里芬：当然，那个数字真是太漂亮了。

艾薇拉：是的，但是产品刚刚推出时大家还是有很多顾虑的。最重要的是我们的销售组织需要多少人，如何分配精力才能既保证“微笑时刻”的现有业务，又能扩展“再次微笑”的新业务。

格里芬：我记得你要求招聘了很多新销售人员。

艾薇拉：在一线投入足够的销售活动对这个策略是至关重要的。我们没有时间和空间去试错。

格里芬：同意。

艾薇拉：我不知道你记不记得我们设立了非常清晰的销售管控指标来引导相关的销售活动。比如，我们要求在“再次微笑”推出的120天内，销售人员要对25%的目标客户至少拜访过一次。这样，每季度新产品潜在客户的拜访比率就成为了我们重要的追踪指标。

格里芬：噢，你们没有仅仅追踪收入的增长情况，你们还追踪了对目标客户的拜访情况。

艾薇拉：当然。正确覆盖市场是非常关键的，如果针对目标客户我们没有进行足够多的拜访，就算我们的销售能力很强，就算我们的新产品很好，也不可能达到我们的销售目标。因此我们要求销售人员每周必须拜访10个新产品的潜在客户。

格里芬：这真的很棒。我知道这就是我们找你来的原因。

艾薇拉：还有，我们没有停留在此。我们还为销售团队设立了一些别的与销售拜访相关的指标。比如，经过计算，发现我们需要每月新招30名销售人员来确保足够的客户覆盖人手。但在招人的同时，我们也面临着销售人员流失的困境，因此每个季度的适任销售人员离职率也成为我们关注的指标，我们要求把这个数字控制在10%以内。我们真的需要足够的销售人员去完成足够的客户拜访，覆盖足够的潜在客户，这让我们能至少有一个机会去争取达成我们的业务目标。如果我们没有追踪这些重要的销售管控指标，我们就很难保证我们足够专注于重要的市场覆盖。如果我们没有这么做，那我们可能就只会盯着销售收入数据，疑惑为什么收入增长得不够快了。

格里芬：艾薇拉，我必须再说一遍，我知道这就是我们找你来的原因。

销售副总裁非常准确地阐述了在正确的地方展开足够的销售活动是成功的基本要素。如果你的销售团队不能利用每天当中有效的时间去做需要做的事，那他们就是在打一场必败的战役。我们曾经帮一个客户分析他们与目标产生巨大差距的原因，我们发现按照他们需要拜访客户的次数，他们所需的销售人数少了将近一半。那么可想而知销售人员会有多么疲惫，他们的胜算会很低。

我怀疑很多销售领导都会发现自己处在这样的不幸境地，要在缺兵少将的情况下去打一场必须赢的硬仗。实际上，有数据显示，大部分销售组织的人数是不足以去执行他们的销售覆盖策略的。我们无从判断这是不是真的，但我们的调研至少发现一件事肯定是真的：大部分销售组织对此都毫无察觉。

市场覆盖指标在我们调查中是销售管控指标里最不显眼的，也许是因为这些数字不好计算，也许大家更愿意凭直觉分配销售人数，他们的作战指挥室的墙上并没有这类数字。这多少让人感到汗颜，因为这些指标对销售领导们太重要了。

如果这些指标能出现在墙上，销售经理们就能更容易地配置他们的销售人员，根据市场机会完善自己的地面部队。这样公司即使不能取得最高的营业收入，起码能花最少的钱去达成这件事。销售经理们也能在销售活动的层面做出有根据的决定，这可以很大程度地影响到销售管控指标和业务结果。设想一下，如果你的公司没有收集这些市场覆盖指标，那你的业务会蒙受相当大的损失。更准确地说，你们会与很多潜在客户擦肩而过。

销售团队的能力至关重要

我们刚才讨论了在正确的客户身上投入适当数量的销售兵力是销售成功的基础。但是，在此基础之上，你需要让销售人员知道当他们面对客户时需要做什么。当一个不职称的销售人员碰到一个合格的潜在客户时，他不仅会浪费客户的时间，也会浪费公司的资源。

我们发现的第二类销售管控指标就是为了防止这样的悲剧发生的。对销售团队能力的衡量标准就是为了回答这样的问题："我的销售人员有能力完成他们需要做的工作吗？"销售团队能力指标包括以下数据：

- 交易成败率；
- 交易进入到下一个阶段的比例；
- 产品销售周期；
- 销售人员能力指数

跟市场覆盖指标不同，几乎每个销售组织的墙上都会有这个数字。这是因为销售团队的能力跟达成业务结果之间有着直接的联系。如果你能赢得更多订单，那你的营业收入自然会增加。如果你能缩短销售周期，你肯定能快速获得收入。这同样是一组强大的衡量指标。

“能力”这个词，第一眼看上去跟销售团队的技巧有关，技巧也通常是销售经理们去提升销售团队能力的方法。如果销售人员不能拿下足够多的订单，那就让他们去接受培训。销售技能毫无疑问是销售成功的关键要素，但销售团队的“能力”还不仅销售技能而已。

这里所说的“能力”，用英文更准确的表达为“capability”，它衡量的是销售组织实现目标的效率，也许“战斗力”这个词更接近。它会受到招聘销售人员采取什么策略、遵循什么流程、有什么支持销售活动的工具以及沟通什么样的期望值等很多销售管理要素的影响，并非只局限于提升销售技能的培训。而我们通常看到的是销售管理者们仅依赖两种提升销售绩效的手段——培训和销售薪酬激励。实际上，提升销售组织的战斗力是可以从多个角度去发力的。所以，虽然这些衡量指标确实都是为了加强销售技能，但销售管理者们可以有很多方法去影响销售的能力。

这类销售管控指标有三个有趣的特点。

首先，在我们调研中发现，很少有公司会直接用技能和知识来衡量销售团队能力指标。不管是不是因为一些技能很难量化，我们只看到很少的相关指标，比如对产品知识的理解程度和对销售技能的运用程度。更多情况是，公司选择用销售工作的结果来评判他们的能力，衡量指标局限在结单率、销售阶段间的转换率等，而忽略了销售培训、销售流程、支持工具等其他影响要素。

其次，销售能力没有绝对完美的标准。跟市场覆盖指标是要 100% 覆盖目标客户不同，要求你的销售人员赢得 100% 的销售成交是不现实的。那么，什么是好的结单率呢？你的销售人员是该让自己追踪的项目达到 75% 的赢率？还是 50% ？或 35% ？谁知道呢？这些数字只跟你自己销售团队的历史表现有关。你也只能以此定义相对的“好”。

最后，你会希望这些指标都能不断提升。这点与其他销售管控指标不同，比如你可能会把今年的产品重点目标定成 30% 的收入来自新产品线，然后第二年产品策略改变，把目标下调到 20%。但是你永远不希望你的成交率从 30% 降至 20%，永不！你永远期待着自己的销售周期缩短，也永远希望销售能力指标能朝着同一个方向发展。这就是典型的持续改善目标。因此，尽管这些数字永没有终点，但你永远知道它们前进的方向，如图 4—4 所示。

技能／知识
- 对产品信息的理解
- 对销售技能的阐述
- 完成个人发展目标的销售人员比例
- 培训技能提高指数
- 特定技能提高指数
- 能力评估指数
- 销售年限（跟业绩关联较弱）

整体效率
- 结单率
- 交易成败率（2）
- 平均结单率
- 赢单百分比
- 输单原因
- 单个销售人员完成的成交数量
- 单个销售的拜访量

销售周期进展
- 各阶段项目推进比例
- 销售机会实现率
- 预测成交实现率
- 每一销售阶段的成交比例
- 每一销售阶段单个销售人员的营业额
- 提案成功率
- 阶段客户转换率
- 阶段项目数／销售
- 阶段转换最差的原因
- 阶段内销售机会比例
- 阶段间项目转换率
- 拜访结果
- 客户会议次数
- 客户约访次数
- 产品评估次数
- 新提案数
- 销售周期（3）
- 销售周期完成天数
- 平均销售周期

价格／谈判
- 价格实现率
- 单个销售人员的定价效率
- 谈判价格变化
- 折扣价格售卖成交比
- 平均折扣水平
- 议价空间

经理
- 辅导质量指数
- 辅导质量
- 销售预测准确度（4）
- 经理预测准确性

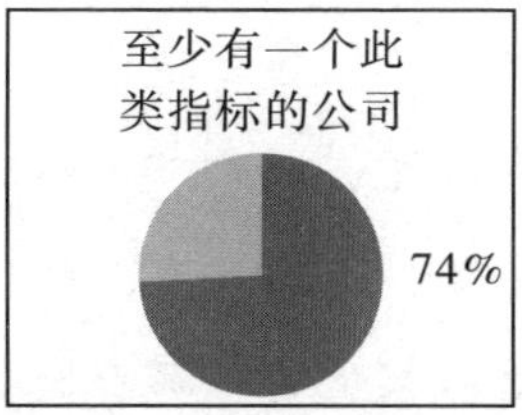

图 4—4　销售管控指标——销售团队能力

要理解这些数字在实际操作中是如何被运用的，我们再次回到格里芬和艾薇拉的故事中。12 个月后，他们已经完成了公司三年计划中第二年的销售目标。格里芬走入艾薇拉的办公室。

格里芬：艾薇拉，我刚刚看到了今年最后的营收数据，我们大大超越了原先的目标，祝贺我们的销售团队又一次交出了骄人的业绩。

艾薇拉：谢谢老板。我也必须承认看到我们的业绩超过 25% 的目标这么多时，我也有些吃惊。我都不知道该怎么夸奖我们的销售团队了，特别是那些一线销售经理。这一年他们确实付出了辛苦的工作，更重要的是，他们工作完成得很出色。

格里芬：你说他们的工作完成得很出色指的是什么？

艾薇拉：嗯，您还记得吗？去年我们最大的挑战是市场覆盖。我们需要足够多的销售人员用最快的上岗时间确保我们能尽快接触到我们的潜在目标客户。我们招的是能力出色的销售人员，去年的成功主要依赖于快速部署。

格里芬：那你今年成功的秘诀又是什么呢？

艾薇拉：今年的关键是让我们的销售人员更有效地售卖"再次微笑"产品。换句话说就是提高销售人员的能力。

格里芬：这很有趣。这就是今年你举办了很多次销售培训的原因吧。

艾薇拉：是的，去年我们有很多培训，但还不止这些。首先，我们必须给销售经理设定一些销售管控指标。通过对成交率的分析，我们发现过去我们"微笑时刻"的销售线索转换率能达到 40%，但"再次微笑"在第一年的转换率只有 25%。我们意识到还有很大的空间去提升我们售卖"再次微笑"的能力。我们的销售目标就是把"再次微笑"的成交率提高到跟"微笑时刻"同等的水平。

格里芬：有道理。

艾薇拉：我们进行了一些调查，发现我们"再次微笑"的销售机会在初期阶段进展顺利，直到客户建议书送出去的那一刻。

格里芬：这是什么意思?

艾薇拉：由于某些原因，“再次微笑”的客户建议书最终的成交率远远低于“微笑时刻”的建议书的成交率。于是我们又设定了一个销售管控指标，我们提交给“再次微笑”潜在客户的建议书的成交率需要达到60%。

格里芬：噢，这就是你们提高“再次微笑”整体订单成交率的办法。

艾薇拉：我们必须改变一些我们的销售活动。正如你看到的，我们进行了很多销售培训和辅导。他们大部分是关于怎么能写出一个好的“再次微笑”的建议书。我们发现对“再次微笑”的小型客户来说，需要更简化的建议书和合同。于是我们制作了新的建议书模板，让销售代表们能更好地准备这些文件。最后我们还建立了建议书审查机制，让销售经理能在建议书交给客户前把好质量关。到这个年底，我们建议书的成交率已经达到了65%，这使得“再次微笑”整体成交率上升到了45%。这就是我们如何超越销售目标的奥秘。

格里芬：销售能力。这是个不错的指标。

艾薇拉：是的，这的确是个好指标，很难做，但对销售组织非常有好处。

正如格里芬的销售副总裁艾薇拉指出的，把正确的人放在正确的位置是销售领导的众多挑战中首先要面对的。接着他们要确认销售人员已经为做正确的事情做好充分准备。这就是销售能力的指标，赢得订单是销售人员的职责关键。你需要确保你的销售人员可以高效地完成这些销售活动。

最后一个有关销售能力的发现就是一线销售经理对这些指标具有意义的影响。虽然销售经理可以影响这一章里提到的所有销售管控指标，但销售经理最能帮助销售人员提升的就是销售能力。一线销售是唯一和销售人员直接保持沟通的人，加强培训效果，提供指导和辅导，确保销售工具的正确使用，以及所有影响销售能力的销售活动的执行到位。

客户的获取、维护、增长和重复

管理学大师彼得•德鲁克曾有一句名言：企业成立的唯一目标就是创造客户。这也许是对的，但所有读过这本书的人都知道，除此之外还有别的。客户不能简单地被创造。他们需要被识别、追求和赢得。这些工作是由销售团队来完成的。由于销售人员的时间有限，而且并不是所有的客户都有价值去跟进，因此销售经理必须决定销售人员要把时间投入在哪里。我们对销售管控指标的调查表明，有一类指标是可以用来做这样的决定的。

客户重点指标为销售团队指明了哪些客户需要投入资源，反映出销售团队获得、维护、发展客户的成效，帮助他们最终达成业务结果。这类指标包括以下以客户为中心的衡量指标：

- 新客户所带来的营业收入；
- 重要客户的营收增长；
- 客户留存率；
- 每一客户群所产生的营业收入；

■ 客户钱包份额（客户相关总费用中，有多少购买了本公司的产品）。

不奇怪，这里有很多衡量获取新客户是否成功的指标。从逻辑上讲，获取新客户是销售领导必须要做的事情，因为它在很大程度上就是业务成长的重要途径。那些擅长搞定新客户的销售人员经常被当做英雄。虽然获得新客户通常比现有客户利润率低，但我们的调查很清楚地显示销售领导们非常喜欢新客户。

除了区分新老客户，很多公司还会为具有某些共同特性的目标客户群设立目标。潜在客户可能是具有一定规模的客户，也可能是特定行业的客户，或特定区域的客户。将你的销售团队转到特定的客户划分群，是提高成交率和利润率最有效的方法，因为一些客户比别的客户更容易合作并更有可能购买。我们看到客户重点指标能把迷失的销售人员从错误的道路上引导回业务机会丰富的客户群里，从而大幅度提高销售绩效。

当然，很多公司会通过维系好现有客户的关系来获取业务。如果获取新客户和转向新客户类别不是可行的增长策略，那在现有客户的身上挖掘最大化价值就成为最重要的销售目标了。像客户钱包份额、重要客户的营收增长就变成销售团队的专注点，它们要求在一个客户身上做得更深更广。在现有客户中深度挖掘比追逐新客户要更容易也更划算。

我们在调查中很高兴地发现，大量的衡量指标是用来维护和发展客户的。很多销售组织太过注重新客户的开发，而忘了对珍贵的老客户的维护。一个领导团队设定了每年15%的客户数量增长，但同时他们现有的客户流失率却高达20%。我们向销售负责人和团队指出这个问题，告诉他们如果真能做到每年15%的客户基数增长，他们的销售量就会增加35%，那他们也就不用寻求外援了。为了避免出现这样的紧急状况，客户留存率、活跃度这样的衡量指标需要放在“作战指挥室”墙上的显著位置上。我们发现的客户重点指标清单如图4—5所示。

获取新客户

- 新客户营业收入（2）
- 客户获取率
- 新客户数量
- 新业务量
- 新业务类别
- 新机构业务量
- 新业务赢得的新客户项目
- CRM中新客户联系人

维护发展现有客户

- 钱包份额
- 客户留存比例
- 客户活跃比例
- 老客户的营收额
- 每个客户的留存营收额
- 业务留存率
- 客户重复购买率
- 客户数量
- 活跃客户数量
- 客户关系维持周期
- 钱包份额大小
- 采购频率
- 平均购买间隔
- 盈亏客户终结时间
- 客户关系平均周期
- 客户不活跃数
- 客户重新激活比例
- 老客户营收额
- 客户留存率
- 现有客户的老业务量
- 客户留存比例
- 重点客户的营收增长
- 维护客户的营业额
- 客户业务转化率
- 客户渗透率
- 客户平均利润率
- 客户利润率

客户组成

- 营业额／客户群（2）
- 客户多元化
- 客户群渗透率
- 新老客户业务比
- 重点客户群业务占比
- 客户渗透率／客户类别
- 国际业务与国内业务比例
- 营业额／客户类别
- 营业额／销售周期／客户类别
- 各客户群市场份额
- 各客户类别拜访数量

至少有一个此类指标的公司

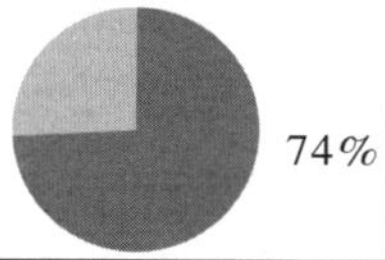

图4—5　销售管控指标——客户组合

我们还是用格里芬和艾薇拉的例子来演示如何聪明地使用客户重点指标，这是三年计划的最后一年，他们让公司达成了业绩翻番的目标。

格里芬： 耶，艾薇拉，我没想到我们真的做到了。确切地说，是你的销售团队真的做到了。你们让公司在三年里业绩翻番了。祝贺你们！

艾薇拉： 是啊。我不得不说这可能是我们最艰难的一年。第一年我们专注于市场覆盖，这很直接。第二年我们专注于销售能力的提升，这也产生了巨大的影响。当我们有了能力出色的销售人员，也已经覆盖了目标市场，我们真的不知道第三年的业绩能从哪里增长了。

格里芬：我们转移了客户重心，对吗？

艾薇拉：是的。我们的一名销售人员提出，学校对“再次微笑”来说是很好的客户。它能帮助老师更好地与学生互动。能帮助学生提高学习成绩、减少纪律问题。

格里芬：我应该一开始就想到这点。这是多么适合的客户群啊！

艾薇拉：完全正确。所以我们又设定了一个销售目标，就是30%的销售收入要来自教育行业。这样整个销售团队就有了以细分客户群加“再次微笑”产品双管齐下的销售目标。

格里芬：销售团队是怎么反应的呢？

艾薇拉：让我们的销售团队专注在学校的潜在客户身上。这事可能比你想象的要难。他们需要去拜访不同类别的客户，这无疑是一个挑战。加上学校的销售周期要长于其他商业客户，他们开始对此很抵触，我们不得不加大客户重点指标的推行力度。我们的销售经理也努力改变很多销售活动，比如重新规划销售区域，给销售再培训等。我们不得不定期检查，确保销售人员每周都能拜访十几个潜在学校。这是一个全面的变革管理。

正如艾薇拉所强调的，让销售专注于正确的客户身上可能会是件颇具挑战的事情。另外，不同的重点客户目标需要一线销售们执行时采取不同的销售行为。获取新客户和维系老客户要做的事是完全不同的。目标不熟悉的客户类别所需要的行为改变会让人感到不舒服。设定销售管控指标总是非常重要的，特别是设定客户重点指标。如果让销售面对错误的客户做错误的事，从设计之初，就决定了结果不会好。

有取舍地销售产品

现在你已经有了一支规模适度、能力超强的销售团队，他们完全专注于理想的目标客户群体。那么最后一个需要让销售团队知道的销售管控指标就是：你想让你的销售人员销售什么产品？几乎每家公司都为自己的客户提供不同的产品和服务。有些是新产品，有些是老产品；有些利润高，有些利润低；有些是为特定客户制造的，有些是通用的。

我们研究这些衡量指标时发现，大部分公司在让自己的销售人员卖什么产品方面都有很多思考。产品重点指标通常包括：

- 营业收入 / 产品类别；
- 重点产品的收入占比；
- 每个销售人员售卖某种特殊产品的数量；
- 组合销售率。

你会从这个短清单中发现，这类销售管控指标主要有两个维度——产品组合和产品广度。

在一个维度上，产品衡量指标首先反映出来的是公司旗下每样产品售卖的频率，也称为产品组合，这些指标对产品驱动型的公司来说至关重要。此类公司通常拥有多条产品线，新产品不断推出，公司利润率取决于售卖什么样的产品组合。

我们的一位客户通过不断推出新产品来保持自己高端产品线的销售和高利润。如果现有成熟产品面临价格竞争压力，他们就会推出不同特性的产品以维持高端价格。他们持续的销售管控指标就是迅速地让销售人员从老产品的售卖转移到新产品上。一旦新产品推出后，产品组合指标进展得不够快，销售团队就会被要求花更多的精力在新产品的售卖上。每个销售人员都会被这个产品的占比衡量，薪酬激励也与此挂钩。

尽管其他公司可能没有这样带有明显销售周期的产品，但他们也会将现有产品和服务通过某些方式进行互补。这些公司会专注某些产品的销售，同时也会利用这一点，向现有客户群卖更多的产品和服务。最典型的做法就是，通过客户拓展计划和内部协作，组合销售更多的产品，以提高在现有客户关系中的总体价值。

最经典的组合销售发生在 20 世纪众多的会计事务所中。从税务和审计服务着手，这些公司很快了解客户的运营状况，可以帮助他们在传统业务以外更好地提供销售管理咨询服务。当信息技术出现后，这些公司发现他们可以借助客户关系去做 IT 咨询项目和 CRM 执行。这些财务公司成为组合销售的专家，成长为几十亿美元规模的跨国企业。如果你是他们的大客户，你肯定会在他们“作战指挥室”的墙上占有一席之地，因为他们正在疯狂地追踪大客户的营收差距。

使用产品重点管控指标可以很大程度上影响公司的业务结果。凭借你独有的产品策略，清楚地告诉你的销售人员卖什么产品和服务，可以让你的业务获得高利润的增长。如果不这么做，就只能让每名销售人员自己承担市场部门的职责，根据自己在销售一线所见到的情况制定自己的产品策略，如图 4—6 所示。

产品大小

- 平均项目规模（2）
- 一定规模的订单成交率
- 平均合同金额
- 项目规模
- 平均销售价格
- 大型采购项目数量

产品种类

- 各类产品营收
- 各类产品营收差
- 各类产品新客户数量
- 各类产品客户渗透率
- 供应商收入
- 重点产品营业收入
- 各产品线收入
- 各产品各销售阶段收入
- 有效新产品发布
- 跨产品线产品收入
- 产品多元化程度（项目数量）

- 跨产品线销售台数
- 盈利产品数量
- 结单产品数量
- 各类产品销售机会收入额
- 各类产品销售机会数量
- 各类产品潜在客户数量
- 产品组合

产品数量

- 产品数量（2）
- 销售单位量
- 销售数／人员数

产品重点

- 附加销售
- 组合销售
- 附加销售率
- 组合销售率
- 跨产品线销售比例

- 每个客户购买某一产品线子产品的数量
- 每个客户购买特殊产品的数量
- 组合销售产品数量
- 每位销售人员特殊产品售卖数量
- 各产品线销售人员数量
- 产品线扩充

至少有一个此类指标的公司

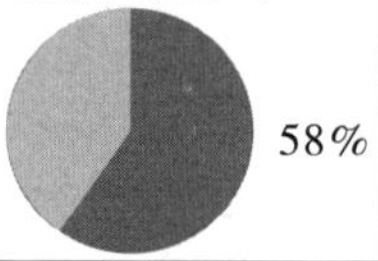

图 4—6　销售管控指标——产品组合

让我们再去看看我们的工作效率提升公司。他们已经成功完成了自己的三年“再次微笑”销售计划。他们将要寻找下一个营收增长点。

艾薇拉：老板，我们已经实现了三年前定下的业务增长目标，接下来我们该做什么呢？

格里芬：我们要保持现在的成绩，并向我们已有的客户卖一些新的东西。

艾薇拉：你似乎有什么没有告诉我。

格里芬：是的。我们的研发团队将要推出一款新产品，叫做“再享受”。它可以装在我们现有的设备上，让现有设备以更低的耗电量来运行。它所节省的电费让客户不到一年就能收回投入。这对你的销售团队来说，是个比较容易售卖的产品。

艾薇拉：听上去是不太难。

格里芬：你可能会很高兴听到我已经从你那里学到了一些销售目标的管理方法。我们将把明年变成“产品聚焦”年。如果你没意见，我想给你的销售团队设立两个新的销售目标：第一个关键指标是交叉销售达到50%，就是今年把“再享受”产品卖到我们一半的装机客户中。

艾薇拉：这应该可以做到。

格里芬：第二个关键指标是75%的捆绑率。换句话说，就是我希望你的销售人员每卖出四台“微笑时刻”或“再次微笑”，就能同时卖三台“再享受”。

艾薇拉：这也可以做。当然我们的销售经理需要再次改变销售活动了，新的培训、新的客户拜访方法，等等。但我认为这是个好计划。

我们销售管控指标的最后一类——产品重点指标让销售管理需要考虑的事情得以完美收官：首先，你需要足够的资源覆盖你的目标市场；其次，你需要提升你的销售人员能力高效地售卖你的产品和服务；第三，你需要他们专注在正确的客户身上；最后，你必须为他们提供一个指导思想——他们需要卖什么产品。如果你做到了上述所有这些销售管控指标，你就有了一支精准指导的销售团队，可以在市场上帮你攻城拔寨。你会为拥有这样一个团队而开心大笑。

销售团队是营收机器还是战略武器

在信息时代，几乎没有什么问题是你找不到答案的。你可以随心所欲地在网上找到任何一个事实、任何一种观点。而那些让你卡住的一定是介于这两者之间的东西，即那些表面上是观点而实际上是在寻求事实的问题。这些问题会一直困扰着你。

多年前，我们和一家大型财务机构的客户会谈时，他们的全球销售负责人问了一个十分普遍的问题。问题很简单：

我怎么知道我的销售团队好不好呢？

接着他描述了自己的问题：

我在全球拥有很多销售团队。卖产品的销售团队、卖服务的销售团队；欧洲的销售团队、北美的销售团队；小型企业的销售团队、国际大公司的销售团队。但我怎么知道它们好不好呢？以他们完没完成任务来衡量吗？事实上，任务是我定的，那是一个人为的标准。而且每个地区的经济环境存在很大差异，价格产品也都不尽相同。掺杂着这么多的变量，我怎么能知道我的销售团队是不是真的好呢？

尽管那天这位销售负责人并没有期待能得到答案，但他的确应该得到解答。他需要知道他是不是有支优秀的销售团队，这是他的工作。这也是每一个销售领导的工作，他们需要打造一支优秀的销售团队。但我们敢打赌极少有销售领导能诚实且充满信心地回答这个问题。你会怎么回答这个问题？你的销售团队够好吗？

这个问题让我们思考了很长一段时间。实际上这是最初引发我们研究并写作这本书的几个问题之一。完成了财务指标就能证明你的销售团队是一支优秀的队伍吗？当然不是，我们都知道很多销售团队之所以成功是因为出色的产品和强劲的客户需求。有很多因素可以使一支平庸的销售团队超常完成自己的任务。相反地，一支优秀的队伍也可能被糟糕的经济环境、新的竞争对手，甚至市场上的谣言所打败。所以什么是“好”的销售团队的客观评价标准。

当然，销售团队最终还是要通过与业务结果相关的销售成绩来进行评估的，比如他们有没有完成销售任务。但对于衡量销售团队的好与坏，营业额是一个太宽泛的标准。这时候，销售管控指标就能帮上忙了。销售管控指标可以把销售团队的表现放在更细致的镜头下，让我们更有信心地知道销售领导们是否已建立了一支优秀的销售团队。

如果一个销售团队配置合理，持续提升销售战力、能够捕捉正确的用户，卖正确的产品，那我们不得不说这是一支优秀的队伍。你还能要求什么呢？如果业务结果指标没有达成，那么要不是期望值设立得太高了，要不就是别的原因阻碍着销售团队。因为它完成了所有销售管控指标，所以它依然是一支好的队伍。

我们认为，销售管控指标不仅仅是销售组织绩效的关键指标，也是评判销售管理好坏的重要指标。如果销售管控指标设定得合理，销售团队如期完成，销售领导就该得到金牌。相反，如果业务结果目标达成，销售管控指标没有达成，销售领导最多得块银牌。

最后一个观点又引起了另一个基本问题：

销售组织是干什么的？

如果销售组织的角色就是每个季度达成业务结果指标，那销售组织就只需凭一把子力气和好运气就能获得成功。很多组织非常满意这个角色的定位。我们经常听到市场部门抱怨销售没有执行公司的产品或客户策略，而销售人员的回答是：“可我们完成了销售数字。”我们听到过很多这样的回答。在这样的公司，和业务结果指标相比，销售管控指标根本不值一提。

但也有很多公司不接受这种“不管黑猫白猫抓到老鼠就是好猫”的管理理念。他们认为销售组织是与竞争对手抗衡的战略武器。一支训练有素、可以在领导指挥下聚焦客户、聚焦产品的销售团队，才能让这些市场领导者把握住新的购买趋势和战略机会。当然，这些销售团队必须达成业务结果指标，但他们是凭借着有组织、有纪律的作风去打赢这场战争的。

这就是销售管控指标十分重要的原因所在，它让领导层能进一步管控自己销售组织的绩效——不仅仅是为公司带来了营业收入，还要用正确的方法完成正确的销售数字，这才是正确的意义所在。当业务结果指标有了销售管控指标作为支撑，销售管理的密码就进一步被破解了。

销售状况检查

当我们更深入地整理销售管理的框架时，我们发现销售管控指标处在可以被高度管理的销售活动和完全不能被管理的业务结果之间。我们发现有四种不同的指标对指导分析销售管理有着巨大的作用。

1. **市场覆盖。**用来衡量是否配备了足够的销售资源去争取所需的市场机会。
2. **销售能力。**用来显示销售经理和销售人员是否有能力有效地完成销售活动。
3. **客户重点。**表明销售团队有没有把握住公司所需类别的客户。

4. **产品重点**：表现销售团队能不能成功售卖公司主推的产品和服务。

如果这四条都做到了，你就有了一支人员完整的销售团队，有意愿也有能力去执行公司的市场覆盖策略。此时你就有了一个优秀的销售组织，如表 4—1 所示。

表 4—1 业务结果的相关指标

销售管控目标	指标作用	例子
市场覆盖	确保有足够的销售资源与现有和潜在的客户接触	· 销售总小时数 · 客户拜访% · 面对客户的时间%
销售能力	确保每一个销售在跟客户打交道的每个环节都能有效地发挥能力	· 交易成败比 · 项目前比例 · 销售周期
客户重点	确保销售团队能获取、维护、发展公司所希望的客户	· 新客户数 · 客户留存率 · 客户钱包份额
产品重点	确保销售团队去售卖公司所希望的产品	· 收入 / 产品 · 组合销售率 · 交易平均规模

除了"优秀"以外，比起让销售团队自己寻找达成业务结果指标路径的做法，这方法让你更能掌控全局。如果没有清晰的销售管控指标，一线销售人员和销售经理们会各行其是。但这种单打独斗的方式只能带给你一支效率低、结果差的销售团队，甚至把错误的产品卖给错误的客户。

如果你的组织不关心业务结果指标是怎么达成的，也就不会关心销售管控指标。但如果你希望拥有具有特殊竞争力的销售团队，销售管控指标是非常重要的管理工具。它能让领导层根据业务环境调整市场策略，并有信心让销售团队能够贯彻执行。销售管控指标是精准销售和无序销售的差别所在。对任何客户和产品多样化的公司来说，放任自流的管理方法都可能造成不必要的浪费和极大的经营风险。

所以，我们还会继续探寻销售组织的运营指南，我们很高兴找到了处在业务结果和销售活动之间的销售管控指标。它们给销售管理者提供了必要的指导，按照高层的期望驱动一线的销售活动。如果说销售经理是“作战指挥室”下达的指挥命令和一线战场之间的最重要的连接，那销售管控指标就是行军指令。没有它们，战斗就有可能惨败。有了它们，战斗计划才能得以完美执行。

现在行军命令有了，那就让我们去看看破解销售管理密码最关键的部分：销售活动的管理。

第 5 章
销售活动指标：销售绩效的驱动力

墙上遗落的衡量指标

当 306 个衡量指标在“作战指挥室”的墙上慢慢找到了自己的位置，最后只剩下了那些可以真正被管理的数字了。跟业务结果指标和销售管控指标相比，这些指标要更好管理，因为它们衡量的都是销售团队实实在在在做的事。追踪客户线索、规划销售拜访、拜访潜在客户、制定项目策略以及管理客户关系，这些都是销售人员每天要做的事情，借以达成销售管控指标和业务结果指标。如果这些都能高效率地完成，那完成销售任务就是轻而易举的事了。如果不得要领，将努力放错了地方，目标就会变得遥不可及。总之，这些指标很重要。

可以想象，当我们发现 306 个指标中有 80% 以上已经被钉在了“作战指挥室”墙上的其他地方，会有些失望。这意味着在我们研究的指标中，只有不到 20% 的指标是用来衡量决定销售成败的销售活动的。这些活动对销售组织来说都至关重要，但很显然，如何衡量这些活动的数量和质量却似乎没有被重视。

我们再次强调，这些是销售人员实实在在每天要做的事。没人能“做”营业收入或产品组合，但每个人都会做客户拜访。所有销售组织做的事都在销售活动这一栏里，但 80% 以上的管理指标却在别处。如果管理的目的是为了更好地管控销售团队的行为，那我们似乎发现了一个大问题。

你应该听过那句古老的管理名言“衡量什么做什么。”讽刺的是，在大部分销售组织里，真正做的事并没有被衡量。过去几年我们问了很多销售领导为什么会是这样，他们给出的回答有两种：一种是因为难以收集可靠的数据；另一种是不愿意使用它们。虽然我们欢迎这样的反对声，但我们发现这其实没有什么关联性。

当我们让客户多报告销售活动指标时，第一个反对的声音是：活动层级的数据太难收集——从某种程度上是这样。像客户购买历史这样的数据信息可以从公司的财务系统中抓取出来，而销售活动信息却不能。捕捉这样的数据有时需要人工操作，由销售人员自己手动输入。

不但很多销售经理不愿让自己的销售人员将时间花在数据输入上，他们也会说他们不相信销售人员提供的信息。对我们来说，这种说法更像信息技术还不普及的旧时代的论调。当听到销售人员问：“你难道想让我们坐在计算机前而不去见客户吗？”我们回答：“两件事你都需要做。”而当我们听到销售经理说：“我的销售人员录进系统里的客户拜访数量都是假的。”我们会回应说：“开除他们。”在 21 世纪，电子设备发展突飞猛进，使用已经相当普及了，销售应该表现出其专业素质。如果经理们想通过销售活动来帮助管理销售团队，他们就应该设立期望值，并使之能够得到贯彻执行。

我们听到的第二种反对声音是：销售经理甚至都不愿意看到销售活动的数据。他们争辩道，不希望对销售做细节管理。这里举一个发生在几年前的例子。在我们对美国顶尖销售组织的一次调研中，一位销售领导略带歉意地给我们解释他的公司如何收集和报告销售活动指标时，他坦承："是，我们收集很多销售活动的数据。但我猜我们应该是那种老学派。"

我们不认为收集销售活动指标是老学院派的风格——我们认为这是新概念学院派的做法。同样我们也不认为追逐销售活动会造成过细的管理——它只会带来更主动的管理。信息技术让我们无需用不太繁琐的方式收集数据，新的销售管理框架让我们更好地使用这些数据。今后，我们希望所有"作战指挥室"的墙上都会有销售活动指标的容身之地，因为管理这些数字就意味着把销售活动和期望的结果联系起来。不管新派还是老派，这都是必要的。

你是说销售流程吗

我们相信衡量销售活动是好的销售管理的要素，但报告销售活动的数据并不足以管控销售团队绩效。要真正影响销售目标和业务结果，销售经理不仅要收集相关数据，还必须知道该怎么使用它们。他们需要用一种方法把销售活动放在一个连贯的运营体系中，要有可预期的输入和输出。也就是一套业务流程。

如我们在这本书前面讨论的，其他业务职能部门，如财务部、制造部、市场部都要比销售部管理得更加严格。这主要是因为其他们部门都有成体系的可以持续执行的业务流程和强大的指标来衡量其日常活动。缺乏标准的流程支撑主动的销售管理，销售领导会发现自己对整个销售团队指挥不灵。销售经理只能面对无法管理的混乱景象，从而无法指挥销售人员冲锋陷阵。

我们跟一家年收入 40 亿美元、业务有些停滞的软件公司高管的对话可以很形象地说明这个问题。他对公司无法提高销售团队的战斗力很苦恼，于是找到我们寻求帮助。我们之间的第一次谈话内容如下所示。

顾问：你们有 250 名销售人员？

高管：是的。

顾问：他们具体做什么？

高管：他们寻找购买我们软件的新客户。

顾问：他们是如何寻找新客户呢？

高管：他们在自己的区域里找潜在客户，然后完成他们所发现的订单。

顾问：他们是怎么做的呢？我想试着了解他们做事的流程，这样我就能更好地观察问题可能出现在哪里。

高管：我不知道他们的流程，你需要问问他们。

顾问：你们没有他们需要遵守的标准销售流程吗？

高管：没有。销售人员自己想办法去寻找新业务，这是他们的工作。

顾问：所以有可能你在一线的 250 名销售人员会用 250 种不同的方法在销售产品，是吗？

高管：有这样的可能。

顾问：他们售卖的客户很不同吗？客户向你们购买产品的方式有相似之处吗？

高管：当然。依照我们产品的技术特性，最后购买的客户比较相同，购买的方式也很相似。

顾问：那你觉得有没有可能有一种更好的方法把产品卖给这些客户呢？

高管：我想一定有，但我不知道是什么方法。这也是我们招销售团队的原因……找到方法。

顾问：好，那如果你们没有标准的流程，怎么衡量销售团队所做的事是否有效果呢？

高管：嗯，当然，我们知道他们卖了多少，也就这样。

顾问：你们的销售周期有多长？

高管：平均大约六个月。

顾问：在这六个月里，你们不衡量他们做的任何事情吗？

高管：没有，据我所知没有。

（沉默了一段时间。）

顾问：所以你们有250名销售人员，没有销售流程，六个月里他们做着你不知道的事情，你们没有任何追踪指标去提升他们销售活动的效率，是这样吧？

高管：差不多是这样。现在我也觉得这是个问题。

顾问：嗯，如果你的问题是无法提高销售团队的绩效，我必须说这才是问题的根源。

高管：嗯，我从来没有从这个角度想过。不过我觉得你说得很有道理。

跟大多数人一样，这位公司高管不知道自己的销售人员每天都在做什么。到目前为止，他的销售副总裁采取的一直是结果导向的管理方法，把销售招来，付给高额佣金，然后就是“出去拉单吧”。但是这种策略在营收下降的时候，就会暴露出问题。没有销售流程和衡量方法，我们就没法看到和管控销售活动。这会将高管置于一个尴尬的境地。

这段对话发生在很多年前，现在大部分销售组织都知道有效的销售管理需要一套标准销售流程。但“销售流程”这个词还是不够普及。在我们的职业生涯中曾听到“销售流程”被以各种方式使用。对管控销售绩效来说，最基本的挑战是：有没有统一的体系和语言来管理销售活动。我们需要更好地了解每一个销售组织的业务流程。

在此需要指出，在我们写作这本书的时候，有人建议我们不要用“销售流程”这个词。他们说“流程”这个词很危险，会让读者产生困惑，因为每家公司都有自己的方法定义流程。这也正是需要这本书的原因。每一个销售团队可以个性化自己的业务流程，但不应该负责定义销售流程。在销售一线应该有某种做事的统一规则，而这样的规则应该教给销售经理，就像要把财务规则教给财务人员，把质量规则教给工程师一样。没有统一的规则，销售经理每次就只能自己搞一个自己的规则，让销售管理毫无章法可言。

因此，我们觉得要想真正去破解销售管理的密码，我们就必须克服这个问题。仅仅指明销售活动是管理销售团队绩效重要的一层指标还不够，我们还必须清楚怎么把这些指标能够融进可管理的销售流程中。我们必须搞明白销售经理如何才能组织和指导销售活动，以便能有预见性地影响其他指标。如果我们能做到这点，那这将是件非常有意义的事。如果我们不能，销售组织依然会看起来像是一堆毫无关联的销售活动的堆砌，一团混乱。

构建管控销售绩效的基石

我们给了自己一个艰巨的任务——识别出每家公司正在使用的最

基本的销售流程。既然这件事以前从来没人做过，我们就假设我们会费很大力气才能厘清墙上剩余的衡量指标并梳理出清晰的流程，我们觉得这会是一个浩大的工程。事实证明这项工作实际上却没有我们想象的那么复杂。

“作战指挥室”墙上剩余的这些指标是被销售管理者们用来确保某些销售行为的发生的。如果这些销售活动已经重要到需要去衡量的地步，那每一个指标一定会为了实现某一个特定的销售目标而存在。因此，要了解每一个销售流程的特性，我们只要确定每一个销售活动希望达成的结果就好了。没用多久，我们就把墙上剩余的指标分到了五个不同的流程里——四个是销售活动的，一个是销售管理的（详见图 5—1）。我们从这些指标中提取了管控销售团队所需要的基础要素。于是密码终于被解开了，我们终于可以开始勾画销售组织的基因图谱。

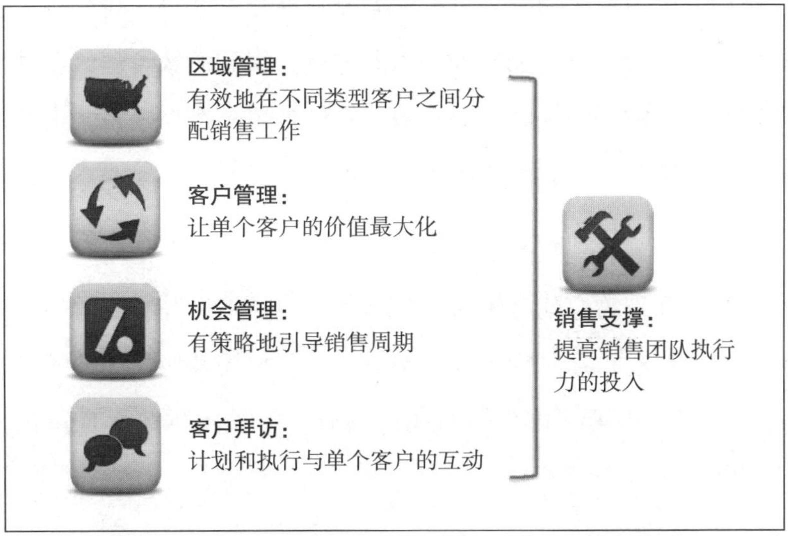

图 5—1　构建管控销售绩效的基石——销售的基本流程

首先被我们发现的是为了有效管理客户拜访的销售活动指标。这些指标，比如销售花在做拜访计划的时间占比，拜访计划使用率是为了确保销售会议和客户拜访的效率。在我们的调研中，指引销售人员去做客户拜访是销售流程中最关键的要素。

如果你需要进行一系列的销售拜访去赢得一个项目，你就需要我们所发现的第二个销售流程，即销售机会管理。跟机会管理相关的衡量指标包括机会计划的使用和机会计划流程的执行程度，这两个指标是为了确保销售人员经过深思熟虑去赢得每一个项目。

如果你在和同一个客户做不同的销售项目，那你就可能要用到我们定义的第三个流程，即客户管理流程。客户管理流程衡量指标包括客户计划的完成比例，每个客户的交互频次，是为了确保销售人员在已有客户身上花足够的精力去维护和进一步发展这些客户。

最后，作为一名销售人员，你需要管理很多客户，并需要在这些客户中有效地分配自己的时间，因此你就要用到区域管理。衡量指标包括客户拜访数、每类客户会议数，它们是用来追踪销售人员是否在正确的客户身上投入了足够的销售活动。

我们还发现有些指标是用来衡量管理团队如何全力以赴来支持销售活动的。我们称它们为销售支撑流程，包括销售辅导的时间、员工培训投入。这些指标是为了确保销售人员获得提升他们能力所需要的发展和支持。销售支撑指标在我们的研究中是出现频率最高的（见图 5—2）。

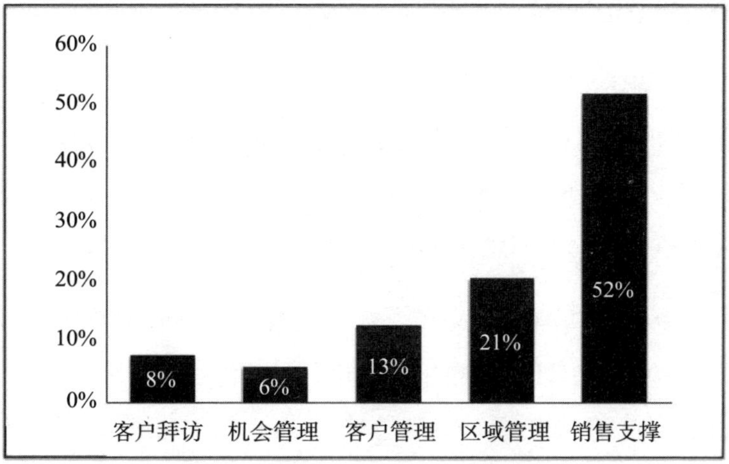

图 5—2　按流程划分的销售活动状况图

令人兴奋的是，所有墙上列出的销售活动指标都分别归到了这五个销售流程中。当我们回头再来看这五大类指标时，自己都有些惊诧，难道就是这样简单吗？它们的确是销售人员最基本的工作：拜访客户，赢得订单，在自己的销售区域内获取客户。而销售经理要做的就是培养销售人员去做好这些事情。这就是销售组织的骨架，不可思议地简单！

当然，销售组织还需要做很多其他事情，但这些是最基本的，是驱动销售绩效最基础的流程。只要能推动促进这五类活动，销售领导们就可以对我们销售管理框架中高层级的指标施加影响了。这些是销售经理可以改变的数字，这样做是为了让销售经理能够达成任何他们希望的销售管控和业务结果指标。这五个流程就是搭建销售团队管理体系的基础要素。

就像"发现"你不能管理营业收入一样，这个发现过程也一样让人茅塞顿开。当然这是销售团队应该做的事情，也是主动管理销售绩效需要去衡量的事情。但如果这是显而易见的事情，那为什么墙上没有更多关于它的数字呢？

除了销售活动指标在我们的研究中相对较少外，这五个流程也是管控销售团队的驱动器，它们是销售管理体系最基本的组成。所以我们要好好花些时间研究下这五个流程是如何完成整个销售活动的。我们也会在这里分享我们发现的相关指标、工具和常见问题。

对于那些销售将军们来说，这一章看上去可能更像新兵训练营，里面都是些手把手教练的战斗基本功，有经验的销售人员多少都会经历过这些。但是全面地了解每一个活动会让你带着更敏锐的洞察和强大的影响力去指挥一线战斗。等我们详细了解了最后这一个销售密码后，我们再讨论怎么组合成一个特有的管理系统，以装饰你自己的作战指挥室。

客户拜访管理

毫无疑问，拜访客户是销售人员最基本的工作。不管是面对面、电话、网络，还是和客户直接的接触，都是销售人员最重要的职责所在。从这个角度讲，这正是公司需要销售人员的原因。如果一个组织不需要客户拜访（不一定是面对面）那就不需要雇用销售人员。所以只要一家公司有销售团队存在，就一定有客户拜访。

客户拜访的形式可以非常不同，从接客户电话到见面拜访。访问的频率也可以千差万别——一个零售业的销售人员可能每天要做几十次客户拜访，而一个战略客户经理可能一年才做几十次客户拜访。无论什么样的形式和频率，销售和客户之间的互动会决定销售能否成功达成。在客户拜访中做对的事情，销售就能被推进；在客户拜访中做得不对，就无法实现销售。因此，公司会采取很多措施来提高销售拜访的质量。这些活动组成了客户拜访管理流程。

拜访活动

客户拜访流程对很多销售人员来说非常重要。当然，管理客户拜访，需要计划、执行、总结，而对销售经理来说，则扮演着指导销售人员完成这些基本的销售活动的重要角色。不幸的是，销售经理无法管理客户拜访的结果——成功的拜访结果是归于销售管控指标下的，因为这取决于客户。但经理可以带领销售人员完成这样的流程，从而大大影响客户拜访的效果。

在这个流程开始时，销售人员首先必须准备客户拜访。一次充分的拜访计划活动需要销售人员制定清晰的拜访目标，计划自己做什么，设想客户会作何反应，准备好备用应急方案。这些简单而直接的行动，可以大大影响客户拜访的质量，提高拜访的成功率。

第二步，销售人员要执行这个计划。这是销售活动的主要部分，没有什么比和客户的交互活动更重要的了。这是销售人员向客户提供信息最好的机会，通过与客户的对话影响其想法。在每次客户拜访中，销售都有可能提高或降低成交的胜算。这就是为什么充分的拜访准备如此重要的原因。你必须知道你在做什么，如图 5—3 所示。

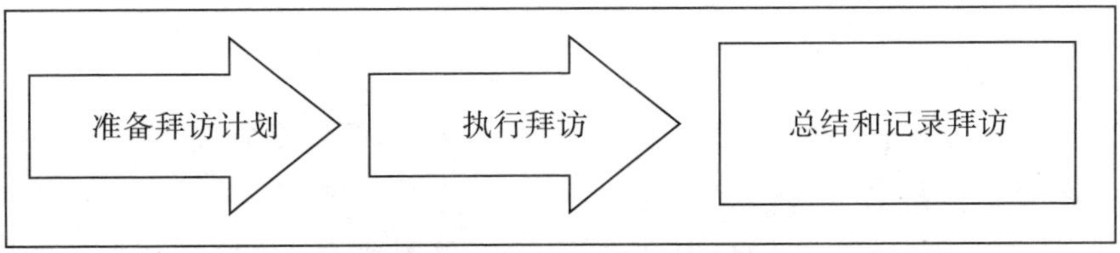

图 5—3　客户拜访基本流程

接下来就到了拜访管理的最后一步——拜访总结。在客户拜访的总结中，销售经理要帮助销售人员记录下拜访的结果，讨论拜访过程中的各种细节。不管拜访的结果如何，销售经理都应该就销售人员在客户拜访过程中的表现进行反馈，评价他们的决策和行动。拜访总结是提升销售人员能力最强大的手段。

衡量指标

我们看到的大部分拜访管理指标都跟计划活动有关。通常，这些指标是为了跟踪销售人员是否遵守计划完成客户拜访的方法、使用相关计划的工具。在调研中，我们发现大量这样的指标，例如遵守拜访计划流程和拜访计划使用（见图 5—4），这些指标可以通过各种方法收集，包括销售团队问卷、销售经理的观察和从计划工具系统里抓取的报告。

拜访管理流程的其他步骤也有办法来进行衡量。拜访中的指标，包括问问题的数量、销售人员谈话的时间或其他客户拜访中的销售行为。这些衡量指标最好通过观察销售活动来获得，而这些都能对销售人员的技能和操作有很大帮助。

关于客户拜访后的指标也可以报告，比如辅导和记录的完成。衡量指标有总结的拜访比例或者 CRM 里记录的拜访数量以确保重要的事情是否完成了。抓取这些数据也需要手工操作，但如果客户拜访管理对销售团队那么重要，那投入时间让每一次客户拜访的价值最大化，也是非常值得的。

工具

支持客户拜访管理最基本的工具当然是拜访计划。拜访计划能够帮助销售人员通过全面的方法框架来准备将要进行的客户拜访（见图 5—4）。拜访计划让销售人员考虑以下问题来帮助他们有效地跟客户互动：

- 拜访的目的是什么？
- 客户可能的需求是什么？
- 销售人员需要从客户处获取什么信息？
- 销售人员需要问什么问题？
- 销售人员需要跟客户讨论什么产品或服务？
- 可能会遇到客户什么样的反对？

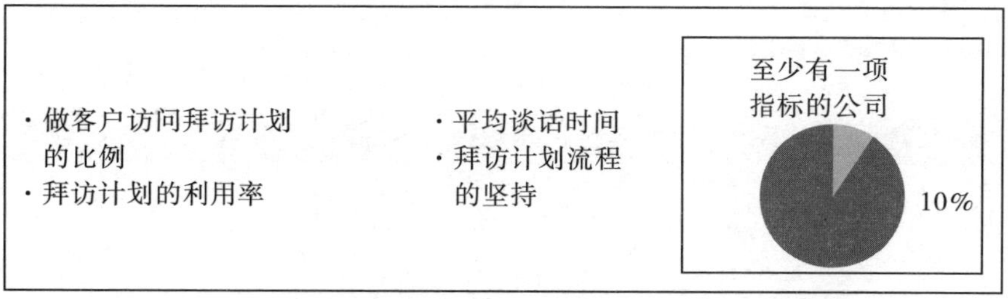

图 5—4　我们所研究的销售活动指标——客户拜访管理

客户拜访计划越来越多地被整合到公司的 CRM 工具里。我们发现太多人总是对销售团队拜访计划的格式和如何做拜访计划感到困惑。但事实上拜访计划的关键不在于做计划，做计划是为了确保计划活动的发生。你只需要确保销售人员在拜访客户前做了充分的准备。简单地说，纸上的计划没有任何意义，做计划的过程才是最重要的。

常见问题

我们帮助客户推行与拜访计划流程相关的工具、指标时会被问及：“什么时候需要做客户拜访计划？”我们的第一反应是销售人员在没有想好该如何与客户打交道就不要去拜访——哪怕只是将销售人员为什么在这里、客户关心什么以及销售人员希望达成什么这些最基本的问题想清楚也是好的。

表 5—1 客户拜访计划表

<table>
<tr><td colspan="4">拜访目标／行动：如果拜访成功，我们会要求客户下一步做什么？</td></tr>
<tr><td colspan="4">拜访开场：拜访的理由、能给客户带来哪些益处、拜访日程</td></tr>
<tr><td colspan="4">我们需要的背景</td></tr>
<tr><td>●</td><td>●</td><td>●</td><td>●</td></tr>
<tr><td>●</td><td>●</td><td>●</td><td>●</td></tr>
<tr><td colspan="4">价值定位</td></tr>
<tr><td colspan="2">我们所提供的解决方案的主要特点：</td><td colspan="2">能给客户带来的收益：</td></tr>
<tr><td colspan="2">客户问题 痛点 影响</td><td colspan="2">客户的期望 收益 额外获得</td></tr>
<tr><td>●</td><td>●</td><td>●</td><td>●</td></tr>
<tr><td>●</td><td>●</td><td>●</td><td>●</td></tr>
<tr><td>●</td><td>●</td><td>●</td><td>●</td></tr>
<tr><td colspan="2">需要问的问题</td><td colspan="2">注意事项</td></tr>
</table>

但是，正规的拜访计划意味着需要投入更多的时间。这取决于一个销售人员的客户拜访数量。对销售人员而言，对每个客户的拜访都做正式的计划，恐怕会占据他一周好几天的时间，这显然不太现实。因此我们告诉客户：

正式拜访计划只有在需要的时候才做

我们的建议是当一次客户拜访非常重要或有风险时就要使用客户拜访计划流程。很多常规的拜访则不要浪费太多的时间，强迫销售人员为低价值的客户拜访做正式拜访计划，就会把计划变成行政工作。

销售经理需要告诉销售人员什么时候用什么方法做客户拜访计划。当然销售经理也需要通过流程衡量确保销售人员真的完成了计划。

我们需要跟身边的使用拜访计划流程的客户强调的第二个问题是：

拜访计划需要销售人员和他的经理共同完成。

很多时候，拜访计划被看成是销售人员个人的职责，销售经理只有在督促执行时才会介入。“你做了拜访计划了吗？”“做了。”“太好了。”虽然这对销售经理来说效率比较高，但它却失掉了借用拜访计划管理并提升销售人员绩效、提高其销售能力的机会。

首先，当销售经理跟销售人员一起制订拜访计划时，计划的质量通常会高。所谓“三个臭皮匠顶个诸葛亮”，销售经理的经验可以帮助销售人员发现准备过程中所疏漏的部分和瑕疵。共同完成计划会带来更好的拜访效果。

其次，拜访计划流程是销售经理对其下属进行辅导的最佳时机。这给经理提供了一个安全且规范的辅导环境来评估销售人员的关键思考技能，帮助他们提高销售能力。时间长了，共同计划客户拜访不但会带来更好的拜访结果，还能建立起一支更优秀的销售团队。

综上所述，客户拜访管理是销售经理管控销售绩效最根本的方法。通过影响销售人员拜访客户的内容和质量，销售经理可以通过指导一线销售人员达成特定的销售管控指标。没有精细的客户拜访管理，销售人员只能在战斗过程中自行做出关键的决定。有了正式的拜访管理流程，他们就会有章可循地去制订拜访计划。

机会管理

很多销售行为不是在一次客户交互中就能完成的，不经历一系列的客户拜访很难拿到最终结单。那种需要在客户购买周期的不同阶段多次拜访客户的销售行为需要另一个销售流程来引导以抓住销售机会。除了管理每一次单独的销售拜访，销售人员还需要有意识地思考如何执行整个销售活动。这个流程叫做机会管理。

销售活动

机会管理流程是一组帮助销售人员检查、鉴别、规划、执行一个或多个阶段的销售机会的销售活动。就像客户拜访管理一样，它也是既有概念又有战术的元素。和客户拜访不一样的是，管理销售机会需要更宽广，更深远的视野，因为在一个复杂的销售周期里，会有很多交错移动的板块。

首先，销售人员必须要收集需要的信息来评估机会，这些信息包括客户信息、销售组织内部信息、竞争和其他环境要素。这些信息可以来自于网上、跟客户的对话、客户年报、之前跟客户打交道的记录、行业报告、市场消息等任何你能想到的资源。只有了解了跟这个机会及周边相关的所有信息，才能完成一个好的计划。

收集到足够的信息之后，销售人员需要鉴别这个机会是否值得跟进。这个可以根据清晰定义的选择条件来判断，它可以引导销售团队去做那些跟公司市场策略相符的项目。如果有统一规范的选择条件，你的销售团队就会变成挑选机会线索的专家；否则，你的销售人员就只能自己漫无目的地花时间去跟踪那些不可能赢或公司根本不想做的项目。很多销售人员都会纠结于是否放弃不好的机会，但事实上，这样的机会很少能获得成功。

然后，销售人员需要制定赢取这个销售机会的整个策略。这涉及在客户不同购买阶段如何协调销售活动和相关参与人员。同时，销售人员还需要决定如何针对竞争对手的情况定位好自己公司的产品和服务。有了完备的策略，销售人员就能有效地赢取订单了。

当然，你的组织必须按计划执行这个策略。我们说整个组织，因为要赢取项目需要公司内部提供各方面的资源。除了销售人员以外，可能还需要工程师、财务以及其他部门的人来完成这个计划，甚至有时还需要外部资源参与进来，例如，对一些复杂大型项目，需要其他客户和行业专家的参与。

和客户拜访管理从点到点的直线流程不同，机会管理是一个环形流程（见图 5—5）。当团队开始执行计划时，会不断涌现出新的信息，你可能需要相应地调整策略甚至可能彻底放弃整个项目。机会管理是一个按照销售流程逐步迭代推进的过程。循环往复，直到销售成功。

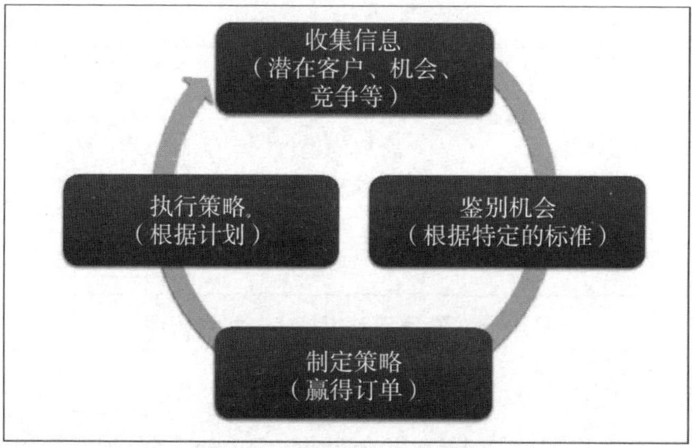

图 5—5　机会管理基本流程

衡量指标

跟客户拜访指标一样，机会管理指标大部分也是跟遵守流程相关的。这些指标包括机会计划完成数量、机会计划遵守情况。和客户拜访一样，这些指标也可以来自于销售问卷调查、销售经理的观察和机会管理工具自身所生成的报告。

令人失望的是，在我们所调查的公司中，很少有收集跟机会管理相关的指标（见图 5—6）。其实这类相关的指标非常丰富，选择报告哪个需要根据自己销售流程的特点。在我们的调研中，有一家公司确实会跟踪被销售团队鉴别过的销售机会的比例。我们也知道别的销售组织会选择跟踪另外一些指标，比如工程师或高层主管跟一线销售人员一起拜访客户的项目数量，因为他们认为这样项目赢率更高。我们也看到有的销售组织追踪某种特别产品被提案的数量，或某类特殊的客户被联系的数量，来改变在客户组成或产品组成中的重心。如果推动销售机会是个重要的活动，那它就可以通过某种方式统计出来继而跟踪推进。

图 5—6　销售活动指标——机会管理

工具

机会管理最重要的工具是机会计划。机会计划的格式和内容需要根据你自己组织的销售方法来调整，但通常它是为了帮助销售人员全面思考跟销售机会相关的问题上设定的：

- 这是什么样的销售机会？
- 这是个合格的销售机会吗？
- 采购流程中的参与者是谁？
- 对他们来说什么是重要的？
- 谁是竞争对手？
- 我们的竞争优势和劣势是什么？
- 我们能给客户提供什么？为什么？
- 为了赢单我们需要做什么？
- 销售的步骤是怎么样的？
- 谁应该参与到销售流程中？
- 参与者的职责是什么？

跟其他计划工具一样，机会计划鼓励的是结构化的思维确以保问题的各个方面都被考虑周全了（见表5—2）。它还能被当做一个项目计划让项目团队更易于组织活动和跟踪完成情况。当然，机会计划也为销售经理提供了辅导销售人员的机会。当经理和销售一起完成计划时，机会计划的质量会显著提高。

其他机会管理工具还包括帮助销售人员进行调查背景的工具。在寻找销售机会的过程中，一开始需要收集很多信息——行业、公司、客户、竞争对手、市场，等等。也可以通过很多工具，包括在线信息、外部网络、公司内部资源（比如公司内部网、CRM、财务系统）来收集信息。丰富准确的信息可以让销售人员通过机会管理流程做出正确的决定。

常见问题

显然，跟客户拜访管理一样，机会管理的最大问题是没有多少公司在让销售人员使用它（毋庸置疑，每个销售组织都会进行客户拜访，都会多步骤地追踪项目，但这些必须要做的事情都留给销售人员在实际工作中自我发挥了），让我们把这个问题暂时先放在一边，来看一个多少带有些讽刺意味的事实，很多领导者站在“作战指挥室”里盯着销售机会管道数字的变化，但墙上却没有任何能帮助他们推进销售机会增长的数字。这是因为：

机会管理和客户拜访管理流程是用来管理销售机会管道的。

之前我们曾提到，我们把墙上很多“销售机会管道”数字分门别类地放到了业务结果指标和销售管控指标里。大量数字记录了机会的大小、状况，以及销售人员推动销售进程的能力，但却没有“销售机会管道”的数据是跟销售活动相关的。

而这一切都是因为没有规范的销售机会管道流程。销售机会管道是销售机会和客户拜访的数字总和。销售机会中的每一里程碑式的阶段都是销售机会管道的基石，成功的客户拜访管理是善于在销售周期里发现销售机会。所以管理销售机会管道的捷径是管理销售机会和客户拜访。

表5—2 销售机会计划表

公司名称	
销售机会描述	
负责人	
更新时间	

（续表）

<table>
<tr><th colspan="12">机会鉴别</th></tr>
<tr><td colspan="6">定义需求：</td><td colspan="6">赢率分析：</td></tr>
<tr><td colspan="6">批准的预算：</td><td colspan="6">采购时间：</td></tr>
<tr><th colspan="12">采购者</th></tr>
<tr><td colspan="3">姓名</td><td colspan="3">类别</td><td colspan="3">需求</td><td colspan="3">支持级别</td></tr>
<tr><th colspan="12">竞争</th></tr>
<tr><td colspan="4">公司</td><td colspan="4">优势</td><td colspan="4">劣势</td></tr>
<tr><th colspan="12">策略</th></tr>
<tr><td colspan="4">产品服务</td><td colspan="4">价值主张</td><td colspan="4">公司定位</td></tr>
<tr><th colspan="12">下一步行动</th></tr>
<tr><td colspan="3">目标</td><td colspan="3">负责人</td><td colspan="3">行动</td><td colspan="3">完成时间</td></tr>
<tr><th colspan="12">阶段</th></tr>
<tr><td colspan="2">线索</td><td colspan="2">鉴别</td><td colspan="2">演示</td><td colspan="2">提案</td><td colspan="2">谈判</td><td colspan="2">输 / 赢</td></tr>
</table>

简而言之，机会管理和销售拜访管理都属于销售机会管道管理，唯一能主动改进你的销售机会管道的方法就是建立这两个流程，跟踪相关指标。否则，你的销售机会管道管理流程就只能停留在自发状态，甚至更糟，看都看不见。这些数字应该出现在“作战指挥室”的墙上，和那些高管整天离不开的销售管道高级别的指标放在一起。

关于机会管理我们发现的第二个问题是大家倾向把机会管理计划

复杂化。做机会管理计划的目的是把重点放在重要项目上。

目的不是记录下与项目有关的所有信息。

我们经常看到公司把机会计划当成收集项目各个方面信息的数据库。很多计划书长达数页纸，几乎包含了所有哪怕只跟这个重要机会沾一点边儿的信息，这文件与其说是为了赢得一个项目的计划，倒不如说是公司的自传。高管们经常说："如果这些销售人员们明天就都不在了，我希望团队里的任何人都能继续执行这个计划，完成项目。"

当然销售人员不可能一下都消失了，但我们很理解管理层们希望能把握住重要机会的迫切心情。但这其中的挑战是：计划工作越繁琐，销售人员对流程就越不遵守。我们的建议是让机会管理的活动越简洁越好，最好只专注于那些对销售最有帮助的事情。好的流程和规章总能提升销售绩效，但是太过刻板则会成为束缚。记住：纸上的计划不代表任何东西，做计划的过程才是最重要的。

客户管理

如果彼得·德鲁克关于"企业的目的是创造客户"的观点是对的，那至少他忘了提醒大家一个更高的目标，那就是创造持续购买的客户。长期重复购买的客户不但能给你带来源源不断的营业收入，而且老客户的销售成本要远远低于那些素未谋面的潜在客户。不管从哪个角度看，重复购买的客户都属于公司希望拥有的那一类客户。

如果你公司的收入大部分来自于你的忠诚客户，你就需要非常小心地维护与他们的重要关系。用一系列有效的活动可以帮助销售组织维护和拓展与现有客户之间的关系，统称为客户管理流程（见图 5—7）。

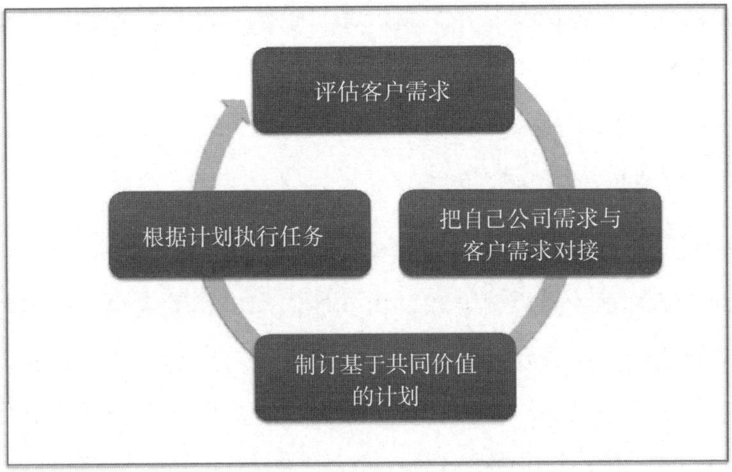

图 5—7　客户管理基本流程

销售活动

客户管理的最终目标是维护筛选出来的客户群的长期价值。无论这些客户是最大的，或是最盈利的，还是最具战略意义的，客户管理能够确保公司对这类客户给予了格外的照料来增强其忠诚度并从中盈利。客户管理通过全面的分析、计划、执行把公司的市场策略具化到每一个挑选出来的重点客户。

一个好的客户管理流程，第一步应该是评估客户业务需求。了解客户的长期策略和短期目标，这样不但可以把公司的产品和服务跟客户最关心的问题紧密联系起来，还能帮助客户寻找能达到他们业务目标的创新方法。调查显示，客户对具有创新见解并主动为其提供新想法的供应商更加认同。只有花时间去深入评估客户的需求，你才能做到这点。

一旦了解了客户的需求，你必须制订一个能把你公司需求和客户需求相关联的客户计划。当然，公司管理这个客户肯定有自身的目标，包括扩大客户钱包份额、介绍新产品、扩大到客户其他部门，这些销售目标都是为了取得更好的业务结果。但是你的目标只有在可以支持客户目标的时候才能实现。制胜的客户策略应该兼顾双方关系，能让两家公司的目标达成战略统一。

当然，要想让制胜策略得以实现就需要制订一系列的任务计划。计划的过程需要由销售领导和公司其他们部门相关人员共同参与。除了销售经理外，还需要其他销售人员来进行跨产品销售，运营人员负责提高客户服务水平，外部合作伙伴提供相关服务，公司领导负责高层关系维护，以及公司中的任何一个需要参与达成客户计划的员工。

最后，当然还需要繁琐的工作保证完美的执行。客户管理是一个团队工作。在这里，销售人员是整个项目的主教练，他必须确保每一名队员的表现都能达到预期。尽管要协调各方资源，这对销售人员来说可能有些挑战，但他必须找到方法将团队凝聚起来。最终，销售人员需要对客户负责，对自己的经理负责，对自己的销售任务负责。所以他必须让销售活动顺利完成。

衡量指标

墙上的客户管理指标会被归入两类。跟客户拜访管理和机会管理一样，其中包含驱动执行计划流程的指标。对客户管理来说，这些指标是为了确认销售人员制订了计划。就像业务计划完成数量、客户计划完成比例这类指标会如你所期望的那样被统计报告。

第二类指标是用来追踪公司和客户间的交互活动（见图 5—8）。比如每个客户的销售活动数量、客户会议数量。这类指标不但显示了客户关系的亲密程度，也显示了双方交互的方式。无论公司的市场策略或者是客户计划的内容如何，所有面向客户的活动都能找到相应的指标跟踪管理。

客户计划的完成

- 客户计划完成比例
- 客户计划完成数量
- 准备就绪的客户计划比例

客户活动

- 与每个客户的活动数
- 与每个客户的互动数
- 针对每一个客户的跨部门会议
- 培训过的最终用户数

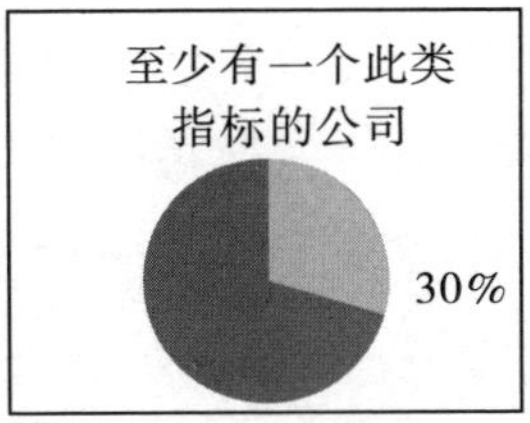

图 5—8　销售活动指标——客户管理

工具

从第一组指标可以看出，客户计划是客户管理的一个重要工具。客户计划可以是从一页到一册那么厚，这取决于客户计划记录的详细程度。不管计划的篇幅大小如何，这些工具都是用来帮助销售人员和整个团队通过结构化的流程制定客户目标和实现计划。这其中常问的问题包括：

- 客户的战略重点是什么？
- 我们怎么帮助客户实现它们？
- 我们从这个客户身上能得到什么？
- 我们需要先给予客户什么才能得到？
- 谁是关键决策人？
- 他们认为我们是朋友还是敌人？
- 我们下个月、下个季度、下一年或更长时间需要做什么？
- 我们公司的哪些人需要参与？
- 他们具体需要做什么？

原则上这个问题清单可以无限延长。客户计划可以包括客户财务信息、历史采购量、竞争对手、发生的问题、行业动态等任何卖方觉得重要或有意思的信息（见表 5—3）。而在实际操作中，客户计划的长短取决于公司认为值得做计划的客户数量。如果每个销售人员需要做 20 个客户的计划，那客户计划就必须简短。但是如果一个销售组织中有 20 名销售人员专门做一个超大客户，说不定做的客户计划厚得就像一本书一样，记录下每一个利益相关者所需要的信息。

表 5—3　客户计划工具示例表

<table>
<tr><th colspan="4">重点客户计划</th></tr>
<tr><td>最新更新时间</td><td colspan="3">客户基本联系信息</td></tr>
<tr><td>基本信息：</td><td rowspan="3">联系人</td><td rowspan="3">部门</td><td rowspan="3">关系</td></tr>
<tr><td>客户名称：</td></tr>
<tr><td>客户负责人：</td></tr>
<tr><td>我们要什么</td><td colspan="3">他们要什么</td></tr>
<tr><td rowspan="4">今年　明年
收入：
毛利：
客户钱包份额：
已安装产品
战略目标</td><td colspan="3">采购时间</td></tr>
<tr><td colspan="3">显性需求：</td></tr>
<tr><td colspan="3">隐性需求：</td></tr>
<tr><td colspan="3">需要解决的问题：</td></tr>
<tr><td colspan="4">行动计划
行动项目　负责人　完成日期
1.
2.
3.
4.</td></tr>
</table>

当然我们还是建议简洁。我们经常看到客户计划里只有成堆的数据。我们问："这些零散的信息是做什么用的？"得到的回答总是："因为有人觉得需要它。"不管哪一个计划工具，简洁才是最重要的。

重视客户管理的公司会告诉你这个流程对维护增长客户有多重要。如果你的大部分利润来自于少数客户，重点客户管理就成了重中之重。但是即使在这样把客户管理当做关键流程的公司中，我们还是发现了两种行为削弱了销售组织工作的价值。

第一种错误是把客户管理当做一年一次的销售活动。很多公司投入了大量时间在年底做客户计划，却让这些计划当成年度报告一样放在书架上。计划里的内容很扎实，行动计划也会对目标客户产生很大的影响，但没有执行就没有效果。

跟机会管理一样，客户管理流程也是个循环往复的流程。虽然大量的计划是按特定的循环周期进行的（通常是一年一次），销售活动却一直在持续进行，客户计划应该是一个不断变化的动态文件。计划应当作为这个客户的日常运营指导，经常性地更新，而非一年一次的策略思考，或断断续续、时有时无的活动。如果客户管理对你的公司很重要，那就真正执行它制定到位。否则就毫无效果。

第二个错误是在整个流程中没有客户的参与。这个观点看上去有些怪。我们为什么要让客户参与我们自己的客户计划活动呢？因为这才是两家公司合作、达成策略统一、最大化彼此利益的最好方法。我们举一个例子，看看忽视了这一点会给公司造成多大的资源浪费。

我们最近在调研一家大公司的客户管理流程，高管们给我们讲述了销售团队跟他们的一个大客户之间的紧张关系。这个客户已经合作很多年了，每年会产生一亿美元规模的业务。公司有一整个团队（包括销售、客服）来服务这个客户，但事情似乎有些不妙。

高管：出于某些原因，最近几我们年跟这个客户关系不好。

顾问：那你们采取了哪些弥补措施？

高管：你知道这家公司不是自己用我们卖给他们的产品——他们把产品和自己的产品捆绑后作为打包方案卖给他们的客户。最终用户知道我们，但并不从我们这里直接购买。

顾问：是的，我们了解。你们的产品是你客户的客户在使用。

高管：是的。于是今年我们针对那些真正在使用我们产品的用户，制定了一个旨在了解客户的行动方案。这是因为如果我们能提升最终用户使用我们产品的体验，也就提升了购买我们产品客户的体验。之前我们的客户就曾向我们抱怨过最终用户体验不好，所以我们想做点什么改善它。

顾问：结果如何？

高管：简直就是灾难。

顾问：为什么呢？

高管：客户说他们不希望我们这么做。

顾问：不想让你们做，这是什么意思？

高管：他们的高管团队说他们想让我们解决其他的运营问题。

顾问：但是，是他们让你们去接触他们客户的吗？

高管：没有，他们没有让。只是我们觉得应该做这事。

顾问：所以你没有征求客户的任何意见，就做了这事？

高管：是的，这并没有给客户关系带来任何好处。他们对我们的做法很不高兴。

顾问：你们去年年底做客户计划时，讨论过这事吗？

高管：没有，我们通常不让客户参与我们的计划流程。

顾问：为什么不呢？如果让他们参与了，我们是不是今年就不会浪费这么多时间和钱了？

高管：是的，也许可以。我们未来可能需要考虑这点。

顾问：我想说，你们一定要考虑这点，这很重要。

没让重要客户参与到我们的客户管理活动中，不仅造成了这家公司把资源浪费在了费力不讨好的行动上，还让高管忽略了解决运营问题去改善客户关系中脆弱的部分。和客户一起做客户计划，你就能让销售团队的活动跟客户的目标保持一致。这的确值得去认真思考。

区域管理

很多时候，一个销售人员会负责多个客户。实际上，销售人员会有一个日常联系的客户和潜在客户信息库。不管是按地域、行业、大小还是其他公司特点，销售人员会被分配到一组特定的客户。这群目标客户通常被称为销售区域。

任何曾经管理过销售区域的人都能证明，根本没有足够的时间和精力服务所有的客户和潜在客户。即使有时间，也只会将时间和精力放在一些更重要的客户身上。因此，每天销售人员都要做一个重要的决定：该如何把时间分配给自己所负责区域内的客户呢？这个识别、排序、拜访目标客户的流程通常称之为区域管理。

销售活动

前三个销售流程是用来提高销售工作效果的，区域管理则是提高效率的。说得更技术点，客户拜访、销售机会、客户管理流程能帮助销售人员提高他们在直接面对优质客户时的表现。销售区域管理能帮助销售人员在有限的时间和资源下能够争取到更多的合格的客户。因此，如果你每天只有几个小时见客户，最好聪明地支配你的时间。

区域管理的第一步是给客户排序。客户优先顺序应该由公司的客户聚焦目标所决定。无论你的销售目标是增加特定行业的客户，还是获取购买特别产品的客户，你都需要根据公司重点客户策略决定客户优先级。如果你的公司客户焦点经常变化，区域管理的优先顺序就应该随之改变。

管理区域的第二步是定义“区域”。虽然在我们日常语言中，区域是指地理上的概念，而在销售世界里，区域可以是虚拟的。也就是说，销售人员可以被分配到任何一个区域，客户则可遍布全球。区域里的客户可以来自五湖四海，它们只是被分配给了某个销售人员而已。

有些公司会定期重新划分销售区域——比如说，以一个自然年为一个周期。有些公司则是在环境变化的时候才做——比如招聘了新销售人员、客户焦点改变以及预测市场变化等。不管你多长时间重新规划一次区域，合理配置销售人员的区域是区域管理至关重要的一步。

第三步是设计客户拜访形式。这是一个关于拜访客户的类别和频率的策略计划。比如，如果公司客户焦点是获得新客户，那就需要你将销售活动的重心放在拜访更多的新客户而不是现有客户上。如果你的销售目标变成了增加现有客户的钱包份额，那就需要你把更多的拜访时间分配给已有的客户。由此可以看出，管理销售活动对达成销售目标的影响是很大的。

最后，就是确保销售人员有效地贯彻执行计划好的拜访组合。销售团队执行力的强弱直接关系着销售目标的实现。

需要重申的是区域管理是需要不断改善的项目指标。随着市场的变化和销售目标的改变，你需要重新定义销售区域，重新设计拜访组合（见图 5—9）。特别是如果你的公司还在持续开发新产品，需要改变客户重点，那就需要不断调整区域管理使其和销售目标之间保持一致，否则你的销售团队可能还在按上一年的市场策略做无用功。

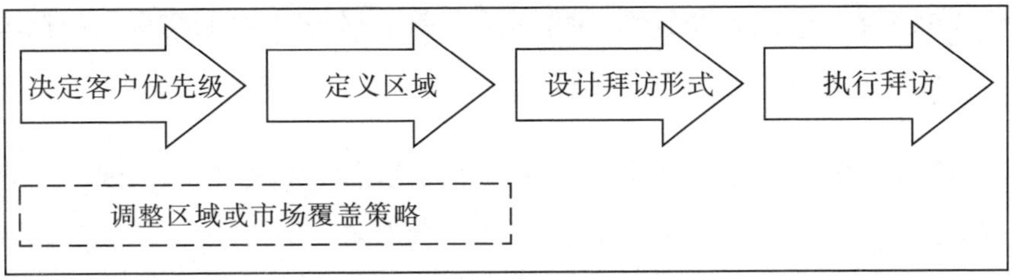

图 5—9 区域管理基本流程

我们还需要指出的是，区域管理的前三个活动是由销售组织替销售人员做的。划分区域，决定客户优先级，甚至设计拜访组合都需要一定的组织一致性和数据分析，最好是由管理层或销售运营的支持团队来替销售人员完成。但是，准确地执行客户拜访毫无疑问是销售人员的工作。

衡量指标

在我们的调研中，发现了三类区域管理指标（见图 5—10）。第一类衡量流程前段——给销售团队分配客户和潜在客户。指标包括每个销售的客户数量、重点客户数量，这些指标是为了确保分给销售人员的客户和潜在客户的数量和比例是正确的。太多或太少甚至不分类都会影响销售工作的效率。

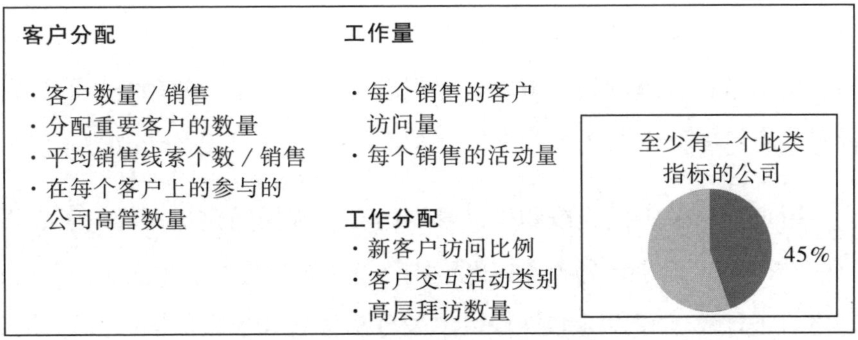

图 5—10 销售活动指标——区域管理

第二类指标主要是针对销售人员在自己区域内的工作量，包括客户拜访数量和销售活动量，它们显示的是销售人员的努力程度。

第三类也是区域管理的最后一类指标我们觉得最有用，因为它显示的是销售团队在公司整体目标上的工作分配。比如新客户的拜访比例、客户交互活动类别，通过这些指标可以看出，销售人员在不同客户和不同活动之间的时间投入。如果获得新客户是你的销售目标，那么你想知道的肯定不是一共做了多少客户拜访，而是做了多少潜在客户的拜访。

工具

和客户拜访、机会管理、客户管理不同，区域管理不需要在前线不停地做，它通常是定期由专人集中完成的。因此，公司可以花很多时间制定正确的区域管理战略和战术。这些决定取决于大量的数据分析，所以有很多分析工具来支持这个流程。

定义销售区域是区域管理流程中最需要进行数据分析的活动。理想状态是每个销售区域最好是销售人员能以 100% 的时间覆盖 100% 的客户，时间分配比例跟公司对现有客户和新客户的策略完全相符。有些公司只是简单地按地区划分销售区域，而无视这个区域里的客户组成。有些公司会从销售人员的出差路程时间以及精确到每分钟的销售活动来尽量精准地规划区域。在我们合作的公司中，两种类型的公司都有，他们都希望在合理范围内，尽量采用更加科学的分析方法。

用来排列客户优先级和设计拜访组合最常用的是这样的电子表格（见表 5—4），以决定哪些客户更重要，每个客户进行多少次客户拜访，表格对于计算销售目标和销售活动的分配会比较方便。同样，用什么工具并不重要，做出关键决定前的仔细思考才是最重要的。

表 5—4　拜访形式设计表

目标拜访形式						
		每年面对面拜访次数				
覆盖程度	客户类别	销售	工程师	销售经理	区域经理	副总裁
高接触	全国客户	12	6	4		2
	超大客户	12	6		2	1
中等接触	大客户	6	4	4	2	
	中等客户	4	2	2	1	
低接触	小客户	2	根据需要			
少接触	微型客户	1				

设计拜访形式就是一系列手工的活动了。你可以说以下这些工具都是销售人员出差和沟通的工具；飞机、火车、汽车，电话、邮件、电脑。任何能帮助销售人员提高拜访客户和潜在客户效率的工具，都可以使用。

常见问题

当公司选择使用区域管理时，问题不会出在分析上。销售经理很擅长设计销售区域和拜访组合，但在执行拜访组合上，有两个主要问题值得关注。

第一个在执行客户拜访组合计划的问题是“救火”。就算有最好的计划和高价值的客户拜访，还是会有很多销售人员疲于应付处理客户的问题，即使公司有专门的客户支持角色，在客户眼里，销售人员也很容易被当成解决问题的救火队员，四处扑火。

这个问题只能通过销售经理和销售人员的自律来解决。实践中，某种程度的客户服务对销售工作来说是非常重要的。但这应该仅限于一定数量之内的优先级较高的客户。如果客户连发票都找销售人员要的话，那销售拜访设计就无法针对外部客户了——直接变成了针对财务、运营和其他部门的内部活动。

第二个破坏区域管理质量的问题是我们之前就提到的管理团队“不管黑猫白猫，抓到老鼠就是好猫”的管理思想。在这个只追求最终业务结果的过程中，市场覆盖、客户重点这些销售管控指标会被那些希望找到其他成功路径的销售人员给忽略掉。

如果你相信合理地分配销售拜访会让销售团队提高效率，你就需要保证相关的区域管理的流程、工具、指标到位，并得以贯彻执行。清晰地表达你的期望，并监督其执行。对任何销售流程，纪律都是获得效果的必备条件。

销售支撑

我们解释过管理的纪律性是销售组织绩效最强的驱动力。专注于客户拜访、销售机会、客户、区域管理，就会让销售领导更好地把控团队瞄准业务结果和销售目标的方向。换句话说，销售成功是建立在一系列正确的销售活动之上的。

但是，所有活动都是由个人完成的，个人的能力对执行结果的好坏起到了至关重要的作用。虽然我们依然能看见轻视销售人员作用的公司，但如今大部分的销售领导都认为能力强的销售人员是业务结果的关键要素。因此，他们不惜重金提高销售团队的业务水平和执行力。这个用于改善销售执行力的流程我们称之为销售支撑流程。

销售活动

在本书的第四章中我们提到，销售团队的能力不仅仅是销售团队的技能——它还包含销售运营的整个体系。这包括招聘销售人员的策略、需要遵守的流程、支持销售活动的工具、对他们的期望等很多除了培训技能以外的支撑活动。能力基本上涵盖所有销售人员完成工作需要的东西。相应地，销售组织支撑包括了很多企业可以用来提高销售能力和执行力的各种战术（见图 5—11）。

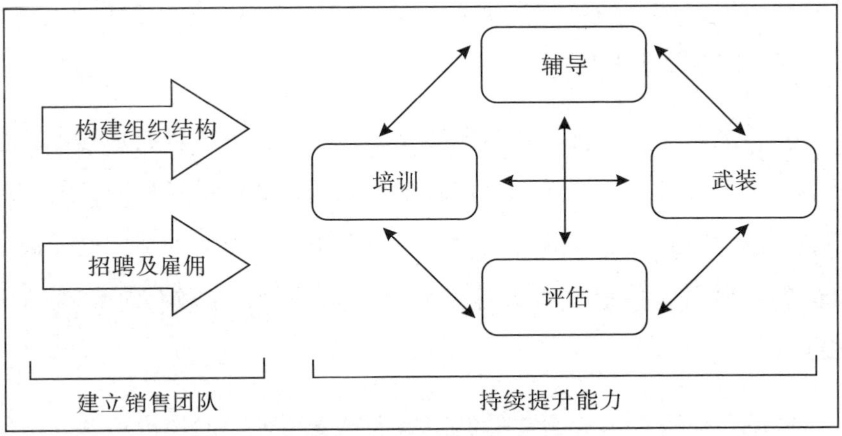

图 5—11 销售支撑基本流程

首先，管理者需要在设计组织架构时确保能让销售人员快速有效地获得完成工作所需要的各种资源。如果销售经理在销售人员日常行为中起到关键作用，那么你把销售经理安置在哪里，每个经理带多少销售人员，都会影响到销售的绩效。如果销售工作需要技术工程师和其他产品销售的支持，那要保证你的销售人员比较容易接触到这些人。对于复杂的销售项目来说，内部资源的协调至关重要，组织架构也会很大程度影响合作。

第二，你必须招聘合适的销售人员来填充你的组织。如果你的团队都是有才干的销售人员，那么其他销售支撑活动的压力就会减小许多。但是如果你的销售人员比较平庸，其他部门就要花大力气提升自己的销售绩效。我们还要注意，招聘不仅直接影响招聘队伍的能力，也会影响市场覆盖。规模和能力俱佳的销售团队会让销售经理们的日子轻松很多。

另外你还需要培训你的销售团队，提高他们的技能和知识，以便他们能更好地执行销售活动。培训是销售支撑中最常用的方法，也是填补销售团队能力差距最有效的方法。培训在销售文化中根深蒂固，不需要我们作过多解释。

另一个提升销售技巧和知识的方法是个人辅导。培训是为了在整个销售组织中普及通用知识，辅导则是根据每个销售人员独特的发展需要，帮助他们提升自身的能力。在所有销售支撑活动中，这是最具价值的。但对销售经理来说这也是最花时间的，必须专注而细致地去做。

你还必须用工具来武装你的销售人员支持他们的销售活动。销售演讲、方案模板、沟通设备、销售文件等工具都是必备的。今天的销售人员可利用的工具比以往任何时候都要多。用相关工具装备销售团队无疑是一种高成效的投资，可以提升整个组织执行的一致性。

我们研究的最后一个销售支撑活动是销售团队评估。销售团队评估有着不同的方式、不同的工具和不同的方法。我们倾向于使用从不同角度综合评估潜在问题——个人和组织层面都有。

你也许能总结出，销售团队支撑“流程”是很多正在进行的销售活动的集合。有些活动（比如辅导）是一直要做下去的，但没几家公司做了足够的辅导。其他活动，比如重组销售团队是阶段性要做的，虽然我们知道公司的组织结构图每天都可能改变。这些活动之间彼此也是紧密关联的；比如，你可以先培训销售人员使用新的销售工具，再通过辅导加强效果。更重要的是，通过一系列的销售活动，销售管理者可以从中选择并有目的地投入，从而达到团队的销售管控指标。

举个例子，如果你今年的销售管控指标是增加提案的成功率，那就可以使用以下几个层面的销售支撑活动：

- 招聘专门的方案专家检查和编辑所有的方案；
- 构建你的团队，让每个地区都有自己的方案专家；
- 为你的销售团队提供针对不同产品、不同客户的模板；
- 培训销售怎么使用模板；
- 在他们做方案时给予他们提供辅导；
- 定期评估他们做方案的能力；
- 根据结果调整以上所有活动。

使用了以上这些方法，你就会向着目标方向高歌猛进。还有很多销售支撑的事情你可以去做，每件事都需要你不同程度地投入。但你可以看到，针对某个销售目标的一系列销售支撑活动可以对销售绩效产生可预期的深远的影响。

还需要指出的是，销售支撑活动并不只是销售部门的事。虽然通常是销售领导们来负责这事，它可以由人事部、技术部或其他专业职能部门来提供支持。实际上，很多这类工作时可以外包，就像我们为我们的客户做很多评估、培训、辅导销售团队的工作。不管谁实际完成这些工作，销售管理者都要负责设定销售团队支持的内容和检验结果。

衡量指标

在墙上所有的销售活动指标中，销售团队支撑指标是目前发现的最多的一类，占了 50% 以上。因为这些指标显示了我们刚才谈到的销售活动，它们自然也是跟这些活动相关的（见图 5—12）。

在与组织结构相关的指标中，我们看到有经理管理人数，销售支撑人数在销售团队中的占比。这些指标显示了支持销售人员的各种资源是否均衡。销售经理通过对销售人员的监管和支持，帮助销售组织产能最大化。

我们在研究中只看到一个与招聘相关的指标——员工平均招聘费用。但我们知道有公司会追踪招聘活动数量、面试人数等其他有关招聘的衡量指标，以确保有足够的员工储备。

组织
- 每个经理所带销售人员的数量
- 销售人数／销售支持人员的人数之比

招聘
- 员工招聘费用

培训
- 员工培训时间
- 员工培训费用
- 培训完成数
- 培训小时数
- 销售培训数
- 天数／培训类别
- 小时数／培训类别
- 按培训类别完成的培训小时数
- 培训完成比例
- 认证销售比例
- 销售人员结业比例

辅导
- 辅导时间占比
- 辅导次数
- 辅导时间
- 辅导频次

工具
- IT费用／员工数量
- 工具使用比例
- 报告使用比例
- CRM登录比例
- SFA使用比例

评估
- 销售评估的比例
- 完成绩效评估的比例

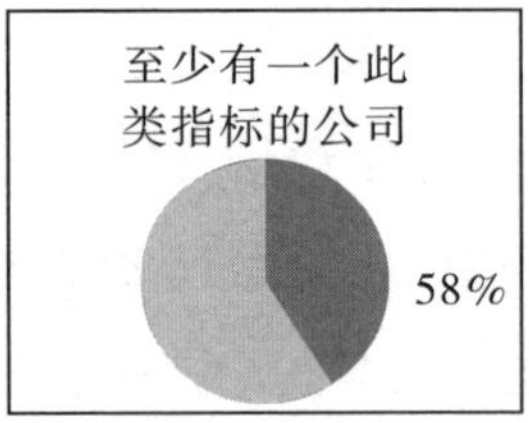

图 5—12　销售活动指标——销售支撑指标

大约一半的销售团队支撑指标是从某一个角度衡量培训的。员工平均培训小时数是来衡量培训数量的，某种特定培训的天数则是精确聚焦到某种重点技能。最后一类培训指标如被认证的销售人员比例是用来显示销售人员已经完成正式培训项目情况的。很明显，高管们非常注意监管在培训方面的投入。

我们很高兴地发现了几个辅导指标也在其中，比如辅导时间比例、辅导频次等。就像我们之前提到的，越来越多的公司希望自己的销售经理积极提供辅导。这些指标不仅表明辅导是否进行，还要求销售团队详细规定辅导要何时做、何地做、为什么、做什么和怎么做。

我们也看到销售工具的指标，比如员工平均 IT 费用指标，它是用来衡量公司在基础建设上的投入的；再比如 SFA 使用者登录比例，是用来衡量 IT 系统有没有被销售人员使用。希望在我们提供了关于使用销售衡量指标的深入观点之后，这个数字能大幅增长。

我们看到的最后一类销售团队支撑指标是销售团队的评估。指标包括销售评估比例，销售考核完成比例让管理者们确认销售团队至少了解自己团队的能力。业绩评估对所有持续改进的努力都非常重要。

常见问题

公司可以采取的销售支撑活动实在太多了，我们甚至可以为此专门写一本关于它的流程和问题的书。但是这里我们先来看看一个普遍存在且让很多公司浪费了大量时间和金钱的问题，这就是公司在实施销售支撑项目时经常使用的“瞄准—开火—中靶”的方法。①

任何一个有意义的销售支撑项目都需要投入公司大量的资源，改变多少都会给销售团队带来些混乱。因此不难想象，公司会特别小心地对销售改进项目进行选择、分析、排列优先级之后，再代表销售团

① 英文为“ready-fine-aim approach”，这个策略是指没有一个清晰的目标锁定。——译者注

队作出承诺。但是据我们了解，很少公司在做这些昂贵的投入前仔细评估销售团队的需求，而投入后又要求不切实际的回报。很多决定是基于听说、习惯和方便而做出的，那自然也不会得到什么令人满意的结果。

例如，有一家公司请我们帮他们重新设计销售流程，这是他们销售自动化项目中的一部分。销售领导认为他们需要一个更先进的CRM 系统，但他并不关心销售人员们是否喜欢使用公司现在的系统，而且实际上两个系统在功能上也没有什么重大的差异。当我们问销售领导，他们为什么想要更换 CRM 系统时，领导们回答："现在的这个太老了，已经不是'最佳实践'了。"我们听后告诉他这是不对的，因为我们确实看到他们可以用更少的投资来解决目前的问题，并且能产生更大的回报。但是管理团队没有评估其他销售支撑的方法，就简单地决定要更换 CRM 系统。我们不知道这个管理团队为什么坚持要更换 CRM 系统，但他们在决定之前，确实没有找到销售团队所存在的问题根源。

第二个例子是我们经常碰到的：没有评估销售团队真正需要的支持，就发布了重大销售培训项目。我们曾拒绝了很多想让我们提供培训的公司，因为我们知道这些培训不能带给他们所希望的结果。有时是他们选错了培训内容，但更多时候我们认为他们的问题根本不是技能的问题。他们需要更好的流程、工具或其他销售绩效的系统。培训虽然是最容易的销售支撑活动，但它并不总是正确的终点。虽然培训你的销售人员不相关的技能没有什么坏处，但它起码浪费了他们的时间和金钱。

这样的例子总是不断出现，得到的教训大都也是大同小异：不要没看病人就开方子，特别是当这方子是有伤害性的时候。支持销售团队的药方从来不缺，但关键是对症下药。销售培训能提升销售绩效吗？当然，如果它是适合的培训。提供新的工具能帮销售人员卖得更好吗？当然，如果它是合适的工具。只凭借着“瞄准－开火－中靶”的方法能帮助达成业务目标吗？当然，如果你运气好的话。

事实：更好的销售流程 = 更优的销售绩效

有趣的是，当我们开始跟人说规范他们的销售流程时，所有人的热情和能量立刻消失了。仿佛“流程”这个词具有把一屋子愉悦的气氛顷刻间一扫而光的魔力。实际上，谁都不愿意去破坏年会的欢乐气氛，站在屋子前面列举明年要执行的新销售流程。屋内的欢乐瞬间会被抽空，气氛也会在刹那间变得沉闷。

还好销售业绩标杆研究公司——CSO 观点公司（CSO Insight）提供的一些信息可能会重新点燃大家的热情。他们的调查显示，这些流程可以帮你多卖 23% 的产品。

每年这家公司都会调查全球上千家企业，收集了这些企业大量管理实践、销售业绩方面的数据。整理出的数据可以让他们的客户在销售任务完成率、佣金激励政策、CRM 的使用、销售方法论等很多有意义的领域得到提升。

在调查中，被访者会给自己公司销售流程的执行情况的成熟度按四级打分。

1. **随性**。公司没有统一的管理系统，每个销售人员按自己的方法执行。

2. **松散**。公司制定统一的销售管理系统，但没有监督检查的机制。

3. **正式**。公司制定统一的销售管理系统，并定期检查，确保执行。

4. **动态**。公司监督销售管理系统的执行行情况，收集反馈，根据市场变化实时调整。

结果不得而知，大部分公司采用的是不太严格的流程。将近60%的被访者认为他们的流程是随机和非正式的（见图5—13）。我们认为纪律性低的流程不能对销售绩效产生显著影响，这也就意味着60%的销售经理缺乏基本的管理工具。更让人沮丧的是，这个比例在过去五年中只下降了大约2.5%。销售流程的革命看起来进展十分缓慢。

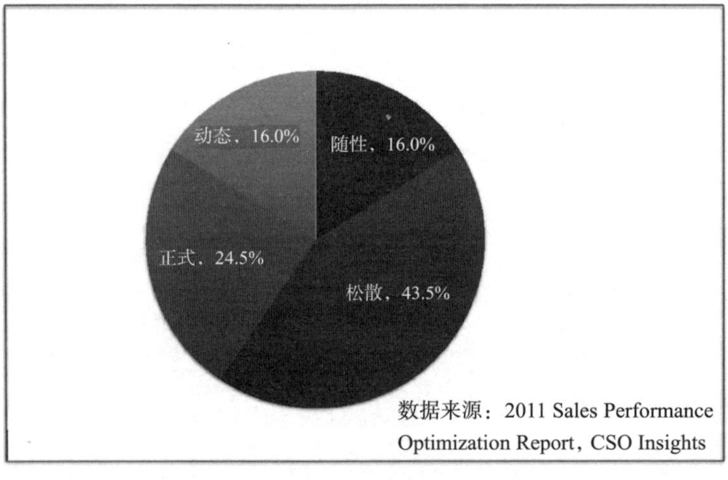

图5—13 缺少严格管控的销售流程

幸好还有40%的公司采取的是比较明智的做法，实施正式或动态的流程。CSO 把这些公司执行流程的级别和他们的业绩放在一起比较发现：

销售流程越完善的公司，销售业绩越好。

实际上，在 2011 年的调查中，执行动态流程的公司会赢得 53% 的预测项目，而那些执行“随机”流程的同伴只有 43%（见图 5—14），这意味着有纪律的销售流程能让领导层从销售团队那里收获更多的结果。

同样的，65% 的有严格流程公司的销售完成了销售任务，没有的公司只有 56% 的完成率。而 88% 动态流程的公司完成了公司总体目标，而随机流程的公司只有 78%。从任何一个角度看，CSO 观点的研究都确认一点，那就是更好的销售流程等于更好的销售业绩。

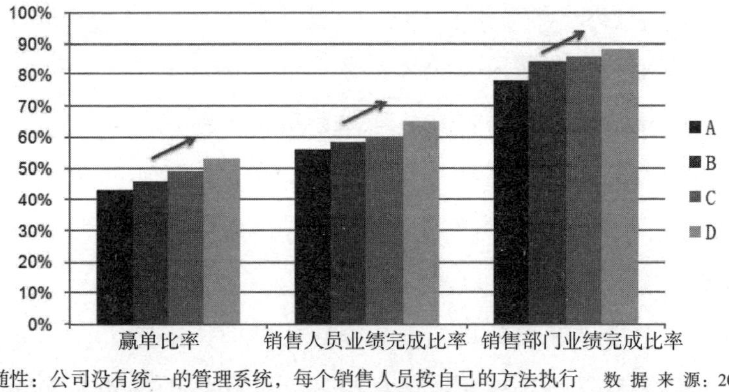

- A：随性：公司没有统一的管理系统，每个销售人员按自己的方法执行
- B：松散：公司制定统一的销售管理系统，但没有监督检查的机制
- C：正式：公司制定统一的销售管理系统，并定期检查，确保执行
- D：动态：公司监督销售管理系统的执行行情况，收集反馈，根据市场变化即时调整

数据来源：2011 Sales Performance Optimization Report，CSO Insights

图 5—14　销售流程最真实的影响

因此，虽然优化销售流程不一定是每个销售组织最想做的事，但无可争议的是，当销售流程被正确执行时，销售绩效就会提升。让我们探讨一下你该怎么确立正确的流程，以扩大你的业务结果指标。

销售状况检查

我们研究的306个衡量指标已经在“作战指挥室”的墙上找到了自己所属的位置，最后一块销售管理的密码已经揭开，那就是销售管理框架最后一层的销售活动，这些活动大致归为五个流程。

1. **拜访管理。**提高每个客户互动活动的效率。
2. **机会管理。**帮助销售人员厘清复杂的销售形势，设定多次拜访组成的销售周期。
3. **客户管理。**最大化客户的长期价值。
4. **区域管理。**在不同类别的客户中更有效地分配销售工作。
5. **销售团队支撑。**提高销售团队的执行力。

这五个流程和相关的销售活动就是管控销售绩效的基石，因为它们才是你能实际管理的。跟业务结果指标和销售管控指标不同，销售经理可以直接指挥这些活动。这些数字可以被改变，可获得预期销售绩效的提高（见表5—5）。就像之前提到的，这里才是最需要采取行动的地方。

不幸的是，我们的研究发现，这些可以被高度管理的指标却相对用得较少，墙上的数字中有不到20%是属于销售活动的。不论是因为这些数字难以收集，还是领导们不愿收集，它们是大部分公司管理工具箱里所缺少的东西。但是这些数字是销售成功的领先指标，它们应该被重视。有了它们，你就能更主动地管理你的销售团队。没有它们，你就会失去控制力。

表 5—5 销售活动与相关指标

销售流程	目标	例子
客户拜访	提升单个客户交互的质量	•%做拜访计划的销售 •拜访计划使用 •平均谈话时间
机会管理	发现、鉴别、推进，结单多阶段的销售机会	•%完成机会计划 •机会计划流程遵守 •%鉴别机会
客户管理	最大化所选客户的长期价值	•%完成客户计划 •客户交互活动 / 客户
区域管理	在不同类别的客户中有效分配销售活动	•客户数量 / 销售 •拜访数量 / 销售 •新客户联系%
销售支撑	提升销售执行能力	•%辅导时间 •培训小时 / 员工 •%使用者登录 CRM

随着墙上那些混乱的数字逐渐排列有序了，我们觉得我们已经破解了销售管理的密码。在我们自己的这个销售基因研究项目里，我们有效地绘制出了销售组织的DNA序谱，把上百个杂乱无章的数据归纳到了一个整齐的原因结果体系（见图 5—15）。我们现在知道，管理层在销售团队中可以管控什么，什么是他们管理不了的。我们可以看到销售绩效更深层次的组成——那些指标是把销售团队带到管理层预定的道路上的助力。

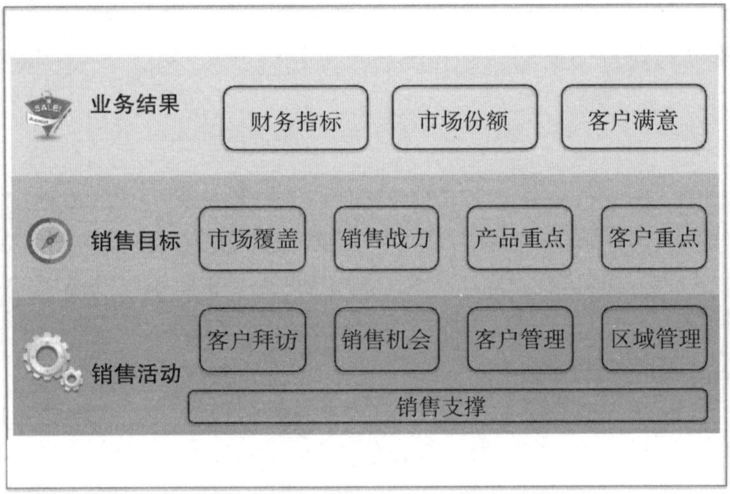

图 5—15　销售组织 DNA 序谱

但是，这还不是完整的操作手册。要让这些密码真正发挥作用，我们需要了解这个体系在不同特点的销售组织中该如何运用。我们有了管理层可以来管理和衡量的一整套的东西，还需要有操作指南帮助他们从这么多的衡量指标中，针对自己组织的目标挑出与他们相关的指标。我们需要知道如何把这个研究成果更有的放矢地运用起来。下面就跟着我们去开启这样一段旅程吧。

第三部分

用销售密码管理销售团队

第6章 构建管控的基石

摆脱“结果管理”的窘境

我们在前面已经阐述了销售流程是对销售绩效进行管控的基石。既然你真正能管控的只有销售活动，那你就必须通过实施规范化、可指导、可衡量的销售流程，来完成自己的销售管控指标和业务结果指标。有了严格的流程，就能对销售区域、客户、机会、客户拜访进行管理，并达成销售业绩；反之，你向团队要结果毫无战术可言，只能靠运气了。

在前面的章节中，我们谈到过一家市值达4亿美元的软件公司，这家公司的销售副总裁给销售人员制定的是高额提成的激励政策，至于销售人员通过什么手段完成任务，公司不去干预。在公司快速打开市场的阶段，这种“结果管理”的方式效果不错，但这个阶段过后，管理层对销售团队就很难管控了。当管理层最终需要用绩效的杠杆和啮合的方法来管控销售人员时，他们会发现自己已无计可施。

那家软件公司的领导层马上得出了结论，即“结果管理”并不是最佳的销售管理策略。“活动流程管理”却可以让高管们管理得更舒心。于是，他们开始建立规范的销售流程，以确保对销售绩效的管控。在一张白纸上，他们重新设计出了销售流程，这才是他们希望销售人员去做的。尽管这家公司已经是一家拥有众多部门的大公司了，但高管们还是重新回到决策的最基本面——“我们到底想让销售人员做什么”。

这是必须首先完成的基础工作，只有这样你才能设计一个能帮你达成业务结果指标的衡量体系。为了让你从我们最新破解的销售管理密码中完全获益，首先你必须建立正式的销售流程，以便对销售人员的活动进行多方面的管理与衡量。即使你已经有了一套正式的流程，最好还是重新评估一下现状，以确保你有个扎实的基础。只有管控销售效果的杠杆和齿轮到位了，你才能摆脱“结果管理”的窘境（如图6—1所示）。

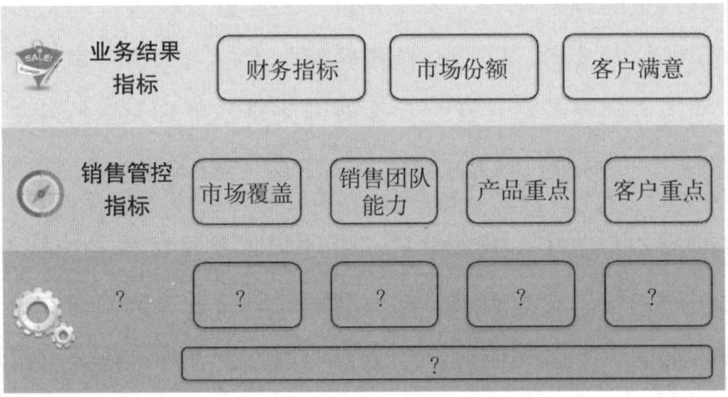

没有正式的流程，就没有办法管控。你可以要求你的销售团队某些结果和目标，但你却无法管理它们。

图6—1 销售流程——构建管控的基石

鉴于此，公司高管们来向我们咨询的频率越来越高：要么是请我们帮着建立正式的销售流程，要么是请我们对他们已有的销售流程重新审核并加以完善。这其中传递出来的信息就是：销售人员终于开始寻求具有规范而严格的管理机制作为后盾；而管理者也开始寻找那些可以管控销售团队的杠杆和齿轮。当我们和他们一起研究其公司需要什么销售流程时，他们都会反复问这样一个问题：“哪个销售流程对我们公司最适用？”

什么样的销售流程最适合我们公司

这看上去是一个很合理的问题。如果我们十分了解自己公司的实际情况，为销售团队选择一个最适合的流程真有那么难吗？只可惜，这个普通的问题根本就无法回答。而无法回答的原因在于这个问法本身就有问题。下面，我们通过另一个客户的例子来予以说明。

一次，我们一个老客户让我们帮他们重新设计针对一线销售经理的培训课程。该公司管理层认为，其现有的培训模块太空泛了（确实如此），他们希望设计出一套更贴近销售实操的培训。说得具体些，他们希望销售经理的培训可以从之前的销售技能辅导转变成提升其对销售人员实际销售活动的管控上。这家公司的高管们认为，这一调整可以帮助销售经理在实战中为销售人员提供恰当的指导，以加强销售团队那些重要的销售活动。从我们的角度看，他们已经制订了一个非常不错的计划，到目前为止一切顺利。

但接下来他们说道，如果销售人员都能使用统一的销售方法，销售经理在辅导他们时就会容易许多，无论是从销售方法上还是管理销售人员上，都能提升公司的统一性。因此，他们希望我们为他们开发出一套全公司都适用的销售流程，即全公司销售人员都使用相同的流程。毫无疑问，他们破坏了之前的出色计划。到目前为止，问题出来了。

他们本想问我，什么样的销售流程最适合他们公司？但为什么说这是一个不好的问题呢？想想看，这是一家年营业额高达几十亿美元的全球化集团企业，有几十个销售团队在把几十种产品卖给全世界成千上万的不同客户。即便是一个单一的销售团队，也可能有不同的销售角色在做不同的事情。例如，他们的一个销售团队中就有负责区域的地区销售代表、寻找销售线索的电话销售以及管理重要客户的客户经理，怎么可能设计出一个单一的销售流程，去对应这个销售团队的所有销售角色呢？更不要说整个公司了。这是不可能办到的。没有一个销售流程能帮助他们管理所有不同的销售角色，因为每一个销售角色有其特定的目标和独特的工作内容。所以，问什么是我们公司最好的销售流程是没有用的。

除非公司只有一个销售角色，所有的销售人员都干完全一样的事情，否则没有什么通用的销售流程可以拿来用。当你在选择销售流程时，正确的问题应该是我们销售团队中的某个销售角色采用什么流程是最合适的？不是针对整个公司，而是针对某一个销售角色，这对你设计和执行正式流程至关重要。

销售团队需要的特定流程是由每一种销售角色的特性决定的。

把公司的销售团队和每个销售角色区分开来，这听上去就像个语言游戏，但确实如此。公司统一的客户管理流程对每天打 50 个电话寻找销售线索的电话销售人员来说有什么用呢？再好的公司，统一的区域管理流程对负责重要客户的经理来说又有什么用呢？都没有用。但是想在销售团队的各个角色里推行客户管理流程的公司多吗？有很多。认为销售经理就是可以跟踪大客户经理如何分配时间吗？也很多。这都是怀着美好愿望的管理错误，但不管怎么说都是错误。

说到这里，销售领导者们可能会恍然大悟：不同的销售角色需要不同的销售流程。实行哪个规范流程取决于销售团队中不同角色的特点。如果你选择了正确的流程，你就可以对销售人员日常的工作进行考核与管理。如果你选错了销售流程，那么出现在“作战指挥室”墙上的数字也只能制造噪音，这些噪音就来自一线的销售团队，他们甚至会因被要求做那些不切实际的工作而大发雷霆。

从一线销售人员的角度看，因管理和考核的方法跟他们所熟悉的世界不一致，会让他们痛苦不堪。这不但让他们不愿遵守方向错误的流程，更让他们怀疑公司领导并不了解一线的真实情况。我们曾经访问过的一位销售经理，下面的对话反映了他的痛苦境遇。

顾问：那么给我们讲讲你的销售人员都做什么？他们的主要活动是什么？

经理：他们基本上是客户经理。每人管一个我们的重要客户，负责跟客户建立业务关系，保证在一年内与客户的相关业务可以顺利开展。他们要解决客户的很多问题，以保证让客户能始终满意。

顾问：这听上去很直白。你怎么知道他们做得好与坏呢？你如何衡量他们是否成功了呢？

经理：我们通过公司的客户关系管理系统（CRM）可以获得销售人员的绩效报告，每个月初，这份报告都会发到公司高层和我的手上。

顾问：那么，报告上的哪些指标对你来说最有用？

经理：哪些？我觉得都没什么用。报告上的这些数字跟我和销售人员们没什么关系，它们是给高层看的。

顾问：我没听明白。

经理：报告上的数字，比如客户拜访的次数、销售周期长短等很多数字都不太适用于我的团队。这些数字可能对其他有区域销售的团队比较适合，但对管好我的销售团队而言，没什么帮助。

顾问：那么你为什么要提交这些跟你的销售团队不相关的数字呢？

经理：我们的管理层想用统一的指标来跟踪整个公司的绩效。我想，对大部分销售团队来说，这些指标没问题。但我的人不用打那么多拜访电话，也不需要传统意义上的销售周期。因此，我用其他表格收集自己需要的指标。

顾问：你用你自己的销售指标来管理你的团队？

经理：是的。

顾问：管理层不想看到这些对你团队很重要的指标吗？

经理：他们不感兴趣。我问过他们很多次了。但他们更想用统一的方法来管理整个销售团队。老实说，我不觉得他们想了解我团队的事情，我们跟其他团队不太一样——有点儿讽刺的是，公司大部分收入都来自于我的团队。我猜只要数字好，他们也不太在意用了哪些指标。不管怎样，我有自己管理销售的指标，他们有的只是一堆没用的报告。

这位销售经理深谙不同的销售角色应有不同的销售流程支撑，需要用不同的绩效指标来管理。而管理层却用不相关的衡量指标管理销售，无意间在“作战指挥室”的墙上制造出了噪音，在销售一线制造了不满的情绪。在这个例子里，幸运的是，该公司还有一位聪明的销售经理，很负责地用正确的方法来管理和衡量自己的销售团队。但不是所有公司都有这样的好运气。

正如案例所描述的，这家公司不需要销售流程，但每个销售角色需要。公司试图用单一的流程来管理整个销售团队，却忽视了每个销售人员的个性化工作，反而削弱了销售管理的效果。被采访的销售经理所带的团队需要的是客户管理流程，而不是别的团队需要的区域管理流程。因此，他放弃了“公司”的销售流程，执行了自己的有效流程。结果对这位经理来说这不算太糟糕，但对在“作战指挥室”里盯着墙上无用数据的高管们来说，就是个悲剧了。他们不知道自己的销售团队在做什么，他们当然也无法管控他们的绩效。尽管掌握了很多数据，却无法对销售人员进行管控。

所以当有人问“哪个销售流程最适合我们公司”时，他一定是问错了问题。当你在建立或改善销售团队的基础时，第一个该问的问题是：

我的销售团队里都有哪些销售角色？

问这个问题可以让你来定义每个销售角色的特质，找出能使他们取得成功的销售活动。在清晰定义了销售角色和活动后，你就可以接着问：

为了管理和考核每个销售角色，最好的销售流程是什么？

只有回答了这个问题，你才可以选择最佳的销售流程来管控销售团队的绩效。回答不了这个问题，你就会面对如图 6—2 所示的两个可预见的、你无法忍受的结果。

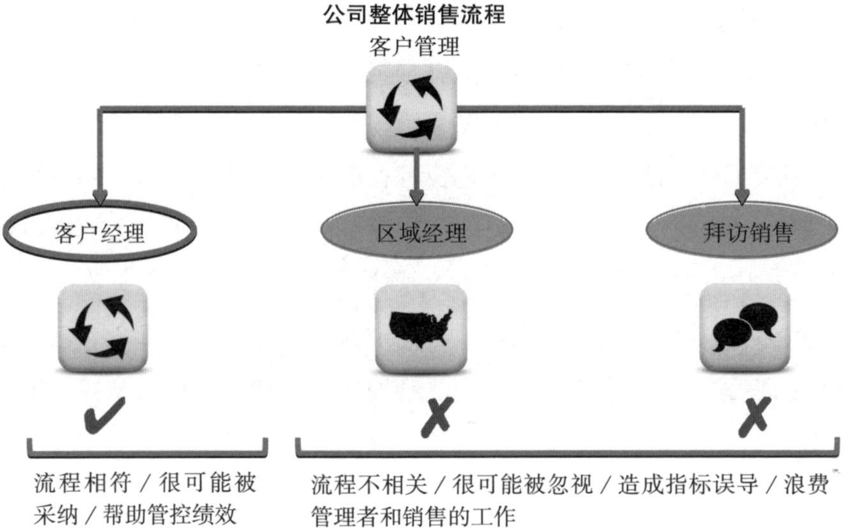

图 6—2　销售流程选择正确与否的影响

第一个是把错误的流程强加给销售人员。可想而知，结果正如前面的案例所描述的——流程会被忽视。很多时候，当高管们跟我们抱怨流程采纳率很低时，我们发现不相关的流程被强加给了销售人员。即使区域销售经理想要使用客户管理流程，他也不知道该如何使用。但这种纠结不会持续很长时间，区域销售经理会放弃这个流程的执行。通常，流程没有被执行不是销售人员的错误，而是这个流程本身就不正确。

第二个是管理层开始施压以迫使销售人员予以遵守。我们看到管理层花了不可思议的时间来培训、实施、再培训、再实施那些根本不会被使用的销售流程和支持工具。不是因为培训与实施有问题，而是流程选择有问题。实施一个正式的流程不是一件轻描淡写的事情，最初的投资越多，管理层越强烈地希望看到回报。尽管他们狠下工夫去打这场仗，但开战之前就已注定赢不了。

我们曾经见到过一个令人痛心的例子。一个带着美好愿望的管理团队遭受了上述两方面的境遇。这家公司的悲剧是从他们实施客户拜访管理流程开始的，他们认为区域销售人员需要这个流程。不幸的是，销售人员觉得这个流程没有用，随即就置之不理了。在意识到流程实施不成功之后，公司的管理层又聚到一起商讨失败的原因。遗憾的是，他们并没有发现问题症结是流程不适合，反而得出“手工做客户拜访计划对销售人员来说太繁琐”的结论，于是他们利用其客户关系管理系统来使这一流程自动化升级，并投入几十万美元来进行 IT 开发。半年后，依然没有销售人员愿意使用这个流程。大量投资的系统却没人使用。然后加大投资，还是没人使用，这一切都是最初采用不合适的销售流程所造成的。

简言之，没有对每个销售角色的重要销售活动进行评判，就不要把正式的销售流程强加给他们。否则，就会犯上述典型的错误。如果你实施的销售流程不对，可能要为这个错误痛苦很多年。如果销售流程是合适的，无论在“作战指挥室”里还是在销售一线，你都可以利用这一完美搭配的销售管理模式来运筹帷幄，决胜千里。

定义销售角色

实现掌控的第一步是，你需要清楚地划分出你销售团队里不同的销售角色。这通常也是比较简单的工作，因为不同的销售角色都有不同的职务名称和汇报关系。但是，也不完全都是这样的，特别是有些公司刚刚合并或收购了别的公司。也可能会有一堆虚线汇报、模糊的职位名称，从而掩盖了销售角色真正的本质。如果是这样，你就不能只看职位名称和组织架构图，还要看看销售人员具体在做什么。

有很多定义销售角色的方法，我们就不一一列举，常识就足够了。

但以下是一些关于销售角色需要被划分的典型因素。

不同客户的区分：

- 新客户还是老客户；
- 大客户还是小客户；
- 优先级高的客户还是优先级低的客户；
- 高管级的还是低层级的购买者。

不同产品的区分：

- 高端产品还是低端产品；
- 独立产品还是打包产品。

不同的采购／销售流程：

- 顾问式销售还是交易型销售；
- 长销售周期还是短销售周期；
- 政府客户还是企业客户。

销售周期中的不同的角色

- 发现线索还是机会跟踪；
- 机会管理还是专项销售。

无论你的销售团队用什么来划分角色，你都需要问你自己，这些人实际在做什么？他们的目标是什么？他们日常都从事哪些销售活动？例如，两个人虽然职位不一样，但都负责服务几个现有的客户，那么在选择销售流程时，他俩就可以归为同一个角色。我们有一个客户收购了很多公司，号称自己有 100 多种不同的角色。我们承认，他们可能有 100 多种出现在名片上的职位设置，但实际扮演的角色会远远小于这个数。

同样地，两个有着相同职位的人却有可能扮演两个不同的角色。如果一位“客户经理”每月打几百个电话，另一个却以登门拜访客户为主，那我们就把他们分为两类角色，因为他们每天所做的事情不同。当我们决定哪个销售流程更适合管理和考核他们的绩效时，也需要把他们两个分开。

不管是通过职位还是组织关系，你需要先区分出团队中的销售角色，再去匹配与之相对应的流程。公司不需要统一的销售流程，而需要单独的销售角色。如果你试图把同一个流程推给从事不同工作的销售人员，那会有一群人痛恨这个流程，很有可能还包括你本人。不管谁有怨气，你都无法塑造一支可管理的销售团队。

谁需要流程

当你确定了销售团队中每一个角色的特质后，下一步你就要给每一个角色选择合适的销售流程。在第 5 章中，当我们整理分类“作战指挥室”墙上的销售活动数字时，我们发现了五个隐藏其中的销售流程。在研究这些指标是衡量什么的时候，我们也找出了每个流程的主要活动和目标。当我们再深入理解这些活动和目标时，我们就能识别哪些内容是流程里最有用的。我们会来进一步发掘这些情况，因为如果你理解了每个销售流程的内在价值，那你就能马上知道哪个角色需要哪个流程了。

客户拜访管理

记住，客户拜访管理是希望通过全面计划客户拜访来提高单个客户交互活动的质量，帮助销售人员预习互动活动的情景，明确希望的结果，设想对话内容，对任何可能发生的问题做好完备的预案。虽然客户拜访管理在准备上要求较高的投入，但当销售人员可以安全地控制好与客户之间的交往时，这些额外的工作都会得到回报。

从本质上说，客户拜访计划是为了防控出现混乱的局面。是关于如何预判在客户拜访过程中的各种情况，从而在战术和心理两方面做好处理的准备；是关于在客户拜访中如何引导进程，尽最大可能避免不确定性和风险的准备。它能使你充满信心地前行的同时，保持一些有益的谨慎。

所以要想知道什么情况下客户拜访管理才是最合适的销售流程，我们不妨问一下自己，哪类拜访活动会需要销售人员小心翼翼？显而易见的答案是那些如果结果负面，会很大程度影响销售效果的客户拜访。管理层必须强调这类客户拜访的重要性，否则销售人员会图省事而不去做计划，把结果留给运气。这么看来，如果某个独立的客户拜访会在很大程度上影响销售结果的话，那客户拜访管理就是最合适的销售流程。

某个独立的客户拜访会在很大程度上影响销售结果。

但是，难道不是所有的客户拜访都很重要吗？如果不重要，为何要去做？事实上，不是所有销售角色的工作都是由关键客户交互活动组成的。不是说销售角色的工作很轻松，而是他们的日常工作中有一部分是服务导向或者只是保证自己出现在客户面前。这类销售角色通常手里会有大量客户，客户关系就是建立在某个交互活动基础上的。在这类销售工作中，不是每个拜访都关乎生死。这些销售人员当然能为客户关系增加价值，但他们大部分的活动都是低风险的。

而在另一些情况中，一次失败的客户拜访就可能扼杀整个项目。特别是在做潜在客户拜访的时候，如果效果不好，那整个项目从一开始就已经死掉了。另一个高风险客户拜访的例子是给客户呈现最终解决方案的时候，需要做好充足地准备。有很多销售活动需要特别小心，这时候做客户拜访计划就是一个很好的方法。

另一种可能需要客户拜访管理流程的客户互动活动是当与客户之间的对话存在高度不确定性的时候。如果销售拜访都是常规套路，就不需要准备了。几乎每一次客户拜访都不会按预期进行。但当一次拜访可能出现各种情况时，拜访计划可以帮助销售人员预计没有期望——特别是不能预测的客户行为。因此，客户拜访管理流程也适用于：

销售拜访的内容存在多种可能，而且客户行为不确定。

难道不是每次客户拜访都不一样吗？如果每次客户拜访都是一样的，那就直接找个演员代替销售人员就好了。当然每次客户拜访都是独特的，但独特的程度也是不一样的。几乎每个销售人员都有一些自己的“常规拜访”——那些他们做了无数次地拜访，基本每次都会讨论同样的问题。一周给 100 个潜在客户打电话的销售人员，大部分销售的方法也都是一样的。不是每个电话都一样，但大部分几乎相同。一个区域销售人员给每个客户所做的产品演示也完全一样。那听众们会有不同的反映吗？完全可能。但这些销售人员需要每次都花很多时间来计划重复的产品讲解吗？可能不需要。

但还有别的客户拜访不是方向明确的。如果销售人员对某个客户不太了解，那他可能需要在此之前投入很多时间去调查客户信息，预估客户的需求。如果一个战略客户的客户经理与客户高层管理者每年只见几次，那么谈话的内容可能会很丰富，会涉及多个话题。在这种情况下，全面的计划能帮助销售人员在一场自己看似无法掌控的交互活动中自如地与客户打交道。客户拜访的内容越多样化，那客户的行为就越不确定，也就越需要客户拜访管理流程。

是否采取客户拜访管理的最后一个因素是可操作性的问题，这体现在我们刚才举的一周打 100 个电话的销售例子中。当销售人员要打这么多的电话时，每个电话或者大部分电话都做计划是不现实的。做计划是需要花时间的，所以只能将做计划时间用在价值大于成本的客户电话拜访中。因此，客户拜访管理流程只适合用于以下的情形：

客户访问数量少或适量的销售人员身上。

但“适量”是多少呢？一周 5 次？ 20 次？ 50 次？当然，这没有标准答案，多少次都可以。但如果销售人员被要求做太多计划，这一切很快就会变成行政工作而失去了意义。千万不要让这种情况发生。

当然，做每个计划的充分程度反过来也会决定一个销售人员能做多少计划。我们可以说，销售人员在没有问自己“我的目标是什么？我该如何开始谈话？客户为什么要跟我对话？”在想清这些问题之前，就不该拿起电话，或走出办公室去拜访客户。但就正式的客户拜访计划来说，我们发现客户拜访管理流程对那些一周做几次拜访的销售人员效果最佳。如果做得太多，他们就成了全职计划者而不是全职销售人员了。所以销售领导们必须判断对特定的销售人员来说，客户拜访管理强度多大是适量且可控的。

机会管理

机会管理流程可以帮助销售人员有策略地去赢得购买行为较为复杂的项目。它们能够促使销售人员记录下所有影响项目的要素，比如购买流程、参与者、竞争对手和其他相关细节。一旦有了蓝图，销售人员就可以规划出赢单策略并有效地执行计划。

在这种情况下，销售人员需要使用机会管理流程，它可能是这五个流程中最清晰的了。这里的“机会”跟那些只需要一次客户拜访就能决定是否建立合作关系的销售人员不同，需要经过多次的客户交互活动才能成功。这种机会通常还会涉及客户组织中的多个决策者，他们在整个流程的角色不同，想法也就不同。所有这些都要求销售人员在做项目时行动要精准。因此，机会管理流程适合于：

跟踪复杂多阶段项目的销售。

同样，一次典型的销售需要多次的客户拜访吗？如果需要的话，机会管理流程就应该适用。就这么简单，但我们讨论这个流程之前，我们还要与大家分享一些我们的观察。

按照定义，每一个独立的机会都有清晰的过程：开始－中间－结束。它作为“销售线索”出现在销售人员的雷达里，经过每个里程碑，沿着一条路径最后到达“赢”或“输”的终点。这点千万不要跟客户管理混淆，在客户管理中，销售人员可能会对一个客户做很多次拜访来获得持续的生意。我们看到有些公司之所以会把二者混淆，是因为他们的销售活动看上去很相似——销售人员在一个客户组织里多次拜访不同的决策者。但机会管理流程只有在针对单个项目而不是长期客户关系时才适用。

这也就是说，获取新客户有可能需要机会管理流程。比如说，很多销售组织最主要的目标是跟新客户建立起长期的关系。其中一个例子是，产品制造商会招募新的零售商来销售自己的产品。通常，它会有两个独立的销售团队：一个负责跟零售商签订合同，另一个负责管理长期的客户关系。第一个团队负责跟踪销售机会，因为销售人员需要经过几个步骤完成从线索到赢单的销售过程，于是机会管理流程会很适合他们；而第二个销售团队是管理客户的，因为他们负责维护和发展客户，那客户管理流程就更适合他们。虽然第一个团队是在追踪“客户”，但他们的销售人员做的事实际上是在追踪单独的项目。在这种情况，机会管理流程更有助于销售。

最后，跟拜访计划只用在部分销售拜访中不同，销售人员通常可以把机会管理流程运用到所有的项目中去。在实际操作中，机会计划的程度是由销售人员自己控制的，因为销售人员一次只能跟踪一定数量的项目。他跟踪的项目越少，机会管理流程就越重要。

客户管理

客户管理流程是用来最大化所选客户的价值。它能帮助你把公司的目标和客户目标相结合，找到最有力的方法加强与客户之间的业务关系。之前我们讲过客户管理的主要工作是评估客户需求，确定与客户的共同目标，制订行动计划，创造共同价值，并执行计划中的行动。除了让你知道想从客户那里得到什么，好的客户计划流程还可以帮助你决定你需要交付给他们什么。

所以，在什么情况下要让销售人员执行客户管理流程呢？也就是说，谁需要投入更多精力去维护长期的客户关系。很显然，这个流程跟不做已有客户的销售人员没有关系。按照定义，客户管理专注在那些保持长久关系并重复购买的客户身上。因此，客户管理流程适用于：

销售人员跟踪一个长期客户的多个机会。

很多销售人员从来不负责重复购买的客户。有的时候，他们被称为“猎手”，只负责为公司获取新的客户。如果在初次销售后，客户还要购买，那别的销售人员就会负责这个客户。其他时候，公司可能没有增值或组合产品来销售。于是销售人员向潜在客户销售后，就不再继续跟踪了。不管哪种情况，客户管理流程对这些销售人员都不适用。

另一方面，很多销售人员会跟同样的客户打交道，销售、再销售、组合销售、增值销售各种产品和服务给这个客户。他们的客户和潜在客户几乎都是一样的，充分利用现有的客户关系是这些公司的主要市场策略。在这种情况下，销售人员的主要工作就是维护和发展现有客户，于是客户管理流程就显得非常重要了。

但是销售人员负责已有客户，并不一定就要使用客户管理流程。主动管理客户关系需要销售组织做出相当大的投入。销售人员每天、每周和每月都要制订和执行强有力的客户计划。因此客户管理只适用于：

这些额外的工作会有经济上的回报。

很多销售人员会做已有的客户管理，但是不需要正式的客户管理流程。一个典型的例子是，区域销售人员一年会见几百个客户，从每个客户都会有一点收获，当整个区域加起来就会有非常可观的利润。

这类销售人员虽然也以已有客户为目标，但就不值得花费额外的时间去管理每个客户关系。这种效率驱动的销售角色，客户拜访频率比客户关系深度更重要。

但是，当销售人员只负责少量的客户，或者他的销售收入主要来自于几个客户时，就值得投入资源去确保把已有客户照顾好。丢了一个客户可能会影响到整个组织，而且这些客户的机会潜力会很大。把你的公司目标和客户的公司目标相结合，特别关注和他们之间的关系无疑是明智的策略。客户管理流程对负责这类客户的销售人员最适用。

区域管理

区域管理流程主要是帮助销售人员在众多不同类别的客户中分配自己的时间。强迫销售人员去给自己的客户排列优先级，并相应地按照他们所确立的拜访模式去执行到位。这些活动能确保销售团队的努力与公司优先客户的方向一致。与前三个加强销售效果的流程不同，区域管理是为了驱动组织效率。

但有没有销售角色不适用于区域管理流程呢？每位销售人员都能从有效分配销售时间中受益吗？不一定。不管信不信，很多销售人员并不受客户拜访模式的约束。有些销售人员是负责接听客户打来的电话，有些销售人员按照公司提供的销售线索跟踪拜访客户。他们无需选择在何时何地重点干什么，因为他们的工作重点是被设计好的。因此，区域管理流程只适用于：

需要主动进行客户拜访的销售人员。

因为区域管理活动跟销售人员相关，所以销售人员必须要能自己管理自己的时间表。如果销售人员是被动接听客户的电话，而不是主动拜访客户，那管理工作优先级就没有什么作用。如果一个人的工作主要是支持他人，比如某个产品的专家，只有在一线销售人员需要的时候才会找来。销售团队中其实有很多这样处在被动接受工作的角色。对他们来说，区域管理不是必须的。

当然，大部分销售人员会自己决定自己的时间表，自己分配工作，那是所有自己管理时间表的销售人员都需要区域管理流程吗？当然不是，因为区域管理是用来分配工作精力的，只对那些没有时间服务所有客户的销售人员有价值。如果销售人员可以轻松地照顾好自己所有的客户，那他就不需要把工作安排得如此有逻辑。因此，区域管理流程适用于：

销售人员负责的客户很多，因而无法完全跟踪。

一位大客户经理可能只负责一部分客户，甚至只负责一个客户。如果是这样，他就能够投入必要的精力和时间去将每个客户的价值最大化。但是，如果一个销售人员负责 200 个客户，那很显然，他一定会更重视某些客户。如果必须确保哪个客户需要重点服务的话，那区域管理流程就派上用场了。否则，如果没有精心的规划，所有的客户都不会得到充分的服务。

使用区域管理流程还有最后一个条件，那就是要让这个流程发挥最大的价值，不是客户拜访越多越好，而是要对最具价值潜力的客户做正确的拜访。也就是说，你不但要识别出高价值的客户，你还需要把他们服务好。因此，区域管理流程最适用于：

你需要区别对待不同的客户。

如果你公司所有客户的价值都相同，那么区域管理流程对安排客户拜访就是多余的。如果你不需要更侧重于哪类客户，那么你在设计销售区域的时候，只需让销售人员有足够时间，按你希望的频率去对自己所有的目标客户进行拜访就可以了。因此，区域管理流程只有在你需要销售人员按客户类型去分配自己的时间时才会被使用。

销售团队支撑

销售团队支撑活动是为了支持销售团队提高能力，有效执行上述四个流程。但跟客户拜访、机会管理、客户和区域管理不一样，销售团队支撑活动大多是由管理层所决定的。不管是招聘、组织、培训、辅导、装备或者考核销售人员，管理层必须决定如何投入资源以最大限度地去影响销售绩效。

和其他流程不一样的还有销售团队支撑活动是必需的。你不会看着销售经理们问："你需要支持销售吗？"毫无疑问，每个销售经理的职责都是要支持销售人员执行任务。但是，销售支撑涵盖的范围很广，可能会由公司的很多部门来负责相关的活动，甚至是销售职能以外的部门，比如人事部和财务部。所以与其问什么情况下需要销售支撑活动，倒不如问：

谁应该负责做这种支撑活动？

我们不想回答这个问题，因为它只能根据你自己组织的具体情况来回答（见表 6—1）。你公司的组织构架决定了谁有这个能力。这些支撑活动可以直接由你的一线销售团队来承担，也可以由销售运营团队或别的业务职能部门来承担，甚至可以由公司外部的合作伙伴来承担。其目的就是找到完成某个特定支撑活动最有能力的资源。

如果人事部不能招聘到优秀的销售人员，那么就别让他们负责这事；如果公司总部培训部没有优秀的销售培训师，那就别让他们培训；如果你们的销售经理不能提供优秀的辅导，那么请给我们打电话。销售支撑活动对销售绩效太重要了，需要让销售团队唾手可得。你需要找到最有能力的资源来支撑你的销售团队，好让他们取得你所希望的业务结果。通过运用最好的支撑资源，你的销售人员执行重要战略的能力将会大幅提升。

表 6—1　销售流程与不同销售角色之间的关系表

销售流程	适合的销售角色
客户访问	销售角色每次进行少或中等数量的不尽相同的客户拜访，这些拜访会对项目的结果有重大影响。
机会管理	销售角色追踪复杂的多个阶段的项目。
客户管理	销售角色跟踪一个客户的多个项目。从经济角度，额外的客户计划工作值得投入。
区域管理	销售角色需要主动做大量客户拜访，必须在不同类别的客户中分配自己的时间。
销售支撑	销售部门或销售部门之外的负责招聘、组织、培训、辅导、支持、评估销售人员的角色。

流程——角色匹配

现在你已经有了清晰的销售角色划分，也知道销售流程与之匹配的指导思想，我们可以开始配对工作了。从前面章节，你可能已经意识到，给每个销售角色选择合适的销售流程不可能一蹴而就。一个特定的销售工作经常会搭配不止一个流程，除非你的销售角色界定得非常狭窄（这不一定是件坏事），你会发现销售人员的日常活动会包含多个销售流程的元素。

例如，在销售团队中你可能设有负责开发某个区域潜在客户的角色（区域管理），在开发客户的过程中这一角色还要对客户进行层级管理（机会管理）。或者，有一个角色负责几十家普通客户的售后服务（区域管理），同时也要维护几个战略性大客户（客户管理）。而且无论哪种情况，这两个角色都需要进行客户拜访管理。显然，销售人员的日常活动反映了多个销售流程，因此为了能有效地管理和衡量你的销售人员，你需要多使用几个流程。

表 6—2 可以帮助评估你的销售团队需要哪些流程，通过确定每个独立的销售角色，从现有的正式销售流程中找到与之相对应的。表 6—2 是我们为之前的一家客户进行类似练习时设计的。

表 6—2　销售流程与销售角色对应表

销售流程	销售角色		
	销售角色1 区域销售代表	销售角色2 大客户销售经理	销售角色3 电话销售代表
销售团队支撑			
区域管理	✔		✔
客户管理		✔	
机会管理		✔	
客户拜访管理	✔	✔	

我们客户的销售团队中人数最多的是区域销售代表，在某个特定地理区域扮演着业务开发的角色。区域销售代表要同时与大客户和小客户联系，只是拜访的频次不同而已。他们对大客户的拜访是非固定的互动交流，上门之前需要仔细筹划。因此，区域管理和客户拜访管理对他们来说都是不可或缺的。

我们的客户还特设了一个大客户经理的角色，他们负责与公司重要战略客户加强联系，增进感情。与这类客户的互动主要是拜访客户的高层，所以拜访前都要精心准备。因此，这类销售角色就需要客户管理流程和客户拜访管理流程。

最后，其销售团队里还有电话销售代表岗位，他们打电话负责联系潜在客户并为已有客户提供服务。鉴于公司数据库里有几千条客户信息，电话销售代表需要专注在优先级较高的目标客户上。因此，他们就需要进行区域管理。但是，打电话的内容是标准措辞，所以区域销售代表或大客户经理所必需的客户拜访管理，电话销售代表就不需要了。

当我们带着我们的客户做这个角色—流程匹配练习时，他们大都会有以下两种不一样的反应。

第一个反应是："看上去我的销售流程真是一团糟。"比如，一家与案例中类似的公司可能在整个销售团队都推行了客户拜访管理，而这一管理流程跟他的电话销售代表根本没有关系。有的公司的区域经理和客户经理反而缺失了非常重要的区域管理和客户管理流程。在这里，销售流程和销售角色明显没有对应好。

第二个我们听到的反应是："看上去我的销售角色划分真是一团糟。"此时，他们已意识到了给销售人员布置的工作有些复杂了。不管公司采用了哪种正式的销售流程，这个匹配活动能帮助你发现到底为一个销售角色设置了多少种工作。比如，我们了解到有一个销售团队只有一个销售角色，却既要打电话开拓销售渠道，又要在某一领域服务一大群小客户，还要管理一组重要的战略合作伙伴。从流程的角度检验这些角色会让经理们发现："我们让他们做得太多了，看上去他们不可能把任何一件事情做好。也许，我们需要把这些工作分成两到三个角色，这样我们的销售人员能更专注地把几件事做好。"我们回答说："这或许是个好主意。"

要么你会发现你的销售流程跟你的销售角色不匹配，要么你会发现你在定义销售角色上有问题，我们发现，两者能够完美结合的公司可谓凤毛麟角。销售人员的职责与正式的销售流程之间也会随着时间而改变，慢慢地可能就会分隔开来。介于这种情况，有必要定期看看你的销售人员实际在做什么，你在用哪个流程管理他们。当错误的流程被强加给销售团队时，不但会造成一线销售人员的抱怨，还会让作战指挥室里失去掌控。完美运用正确的杠杆和齿轮十分关键，能让你更加主动地管理你的销售团队。

好东西太多

当你把相关流程跟每个销售角色搭配好之后，你可能会发现一个角色可能选择了三、四甚至全部五个流程。事实上，如果你不把销售角色定义得很狭窄的话，销售团队里的一个角色就可能需要同时应对多个销售流程。不过，你给销售团队里复杂的角色匹配如此多的销售流程，并要求其严格遵守每一个流程合理吗？太多好的控件会不会变成令人窒息的程序噩梦？我们认为不会。

首先，我们在做匹配练习的过程中，已经对你销售团队中的每个角色的职责进行了精简。如果你要求销售人员做很多事，他们反而做的很少。我们曾经举办过一个公开的工作坊（实操性很强的培训课），让受训者把这些流程跟他们销售的角色配对。一个销售经理表示："下星期我一回到办公室，第一件事就是把销售人员现有工作的一半重新调整一下。我现在明白了，他们专注于把一个销售流程彻底执行好，远胜于同时执行好几个流程结果都半途而废，不够彻底。"类似这样顿悟的例子比比皆是，我想大多数销售人员都渴望简单的流程。

总的来说，销售团队把销售角色划分得更加专业是大势所趋。管理层早就把勇于开拓、不怕失败的"猎手"型销售人员与适合后勤保障的"农夫"型销售人员分开了。我们看到，组织结构图上销售角色的方框越来越多，销售团队的角色划分越来越多样，工作范畴越来越专一，如"行业专家"型销售人员、产品专员、专为小众市场服务的销售人员等。这不仅简化了销售人员的工作，也大大降低了管理层招聘、培训、衡量、激励他们的难度。

但是，还会有一些销售的角色本来就是多任务型的，无法在不牺牲效率和销售效果的情况下予以简化。在这种情况下，你需要就相关流程排列优先顺序，去掉那些对这个角色不重要的流程。如何排序需要你从每个流程的战略重要性和帮助你管理并衡量这些销售角色的重要程度两方面来平衡。

例如，你的销售团队中可能有一个角色主要服务于大客户，那么客户管理流程就很重要。由于历史的原因，这些销售人员可能还负责一些小客户，他们还需要时不时地去拜访，只是不用花太多精力。一眼看上去，这个角色也需要区域管理流程，即他们需要针对不同层级的客户进行时间分配。但是经斟酌后，你确信这些小客户给公司并不带来很大的营收，他们占用你客户经理的时间也很少。这种情况下，你可能决定不需要在区域管理上投入资源，因为它对你的业务结果和管理这个销售角色的影响很小。一切变得简单了。

你会发现很多销售角色并不能通过减少基础性的销售流程而被简化。要让销售人员业绩更好，你的管理也更加主动，还是需要多个销售流程的配合。由此看来，如果不对销售团队进行区域管理，销售人员很难科学地分配精力；如果不采用客户管理流程，就会影响到很大一部分业务；不用客户拜访管理，就会影响到你团队的效率。在实施正式销售流程的过程中，你无法轻松管理。

但在这个重流程的环境里，你和你的销售人员只要保持清醒的头脑，就可以游刃有余。在实际操作中，每个流程的执行频率和需要的资源都不尽相同。例如，客户拜访管理需要每周都做，但是客户管理的频率要低很多，通常一季度或一个月更新一次。需要大量分析的区域管理工作，如排列客户优先级、设计拜访计划可以由销售经理或者运营人员来做。每一个流程都跟销售团队每天的工作有关，但不是所有流程都需要占用每天的时间。

我们服务的很多公司在销售一线实施了很多流程，也发现一些可操性差且不太实际的想法——一下就能找到既能有效帮助销售团队实现业务结果，又能积极地管理销售人员的流程。当你明确了哪些流程是你需要的时候，你面临的问题不再是“我应该执行正式的销售流程吗”，而应该是“我该如何实施那些对组织有最大价值、对销售团队干扰最小的流程”。只有这样，你才可以开始给你的流程定制合适的“尺寸”了。

给销售流程定“尺寸”

实施一个新的销售流程不是一件小事。要想通过实施新的销售流程给销售团队带来最大化的业务结果，你必须从整体变革管理的角度来实施。这不仅仅需要对销售团队中从事不同销售活动的人员进行指导，还需要你对做这些活动的环境进行调整。管理界泰斗爱德华兹·戴明（William Edwards Deming）博士曾经说过：“坏的系统每次都会杀死一个好人。”没有哪里比销售团队更适合这句话的了。如果你不能用新的指标、工具和技能来对所发生的改变予以支撑，你的销售团队很快就会回到他们原来的状态。由于保持改变的持续性是一件艰难的事情，所以说组织要有效地实施正式销售的流程投入是相当大的。

因此，明确新流程的实施到底要对现状进行多大程度的改变是重点所在。如果你已经给每个销售角色选择了合适的销售流程，那挡在你和一支具有高效管理的销售团队之间就只剩下了一个“恰到好处”的执行计划了。如果管理流程的实施没有达到预期效果，我们会发现大多数是因为管理层错误计算了变革工作的范围和程度。下面，让我们来看看正式流程实施中管理层会犯的两个错误。

管理层犯的第一个典型错误是，他们常常低估了采用新流程致使销售团队所需要的改变。施力太小就像用手指去压一个气球。气球的形状可能暂时按你的愿望改变了，但你一旦松手，气球立刻会回到原来的形状。销售团队也是这样。如果变革管理的推动力太小，销售团队会马上舒服地回到跟往常一样的业务状态。实际上，销售人员亲口告诉过我们，他们的新销售流程只是一个“昙花一现”的项目，完全可能被忽略。他们表示，如果他们对这个流程置之不理，到了一定时间流程的实施最终就会不了了之。

坦白地讲，管理层常常高估自己影响销售团队做出改变的能力。例如，据我所知，有些主管销售的领导们都想着晚上发出一纸公文，通知说要进行重大的流程改变，指望第二天一早销售流程就被严格执行。我们还了解到，管理层在日常销售例会上推行新的销售拜访计划工具，指望销售人员就能把这些工具运用到日常工作中。如果一线销售人员不去执行这种作战指挥室里的命令，你一点也不会感到惊讶。公司对“变革管理”进行如此重大的投入，却收不到任何效果。

“且慢。”你可能想起：“我在本书前面的章节读到过销售经理应该能指挥销售团队的活动的内容”。是的，这本书最基本的观点就是销售经理可以指挥销售活动，可以改变作战指挥室墙上的数字。这点毋庸置疑。但前提是，销售经理不能只要嘴皮子，需要有扎扎实实的行动，并对团队变革予以系统性地管控。要想达成重大的行为改变，则要对销售人员周遭的整个系统重新设计以支持和加强其行为的改变；否则，惯性和缺乏关注会削弱变革的努力，最终半途而废。

有些讽刺意味的是，管理层犯的第二个错误竟然是流程的过度设计，反而给销售流程的实施带来致命的一击。与第一种错误不同，第二种情况不是投入力度不够造成流程被忽视，而是管理层采取的一些改变太过于激进，想一下子把销售人员从他们已经习惯的销售节奏中拉出来。理想的做法是，你实施的流程能让你的销售人员正在做的事变得更合理、更规范。当一个好的销售流程实施的时候，听到的应该是这样的评论：“是，我已经做这事了，这样一来我可能还可以做得更好。”或者“我曾经是那么做的，现在看来我有点儿跑偏了。”这样的反馈说明，该销售人员认同所实施流程的价值，因为这些流程与他们实际工作中的销售活动是相符的。尽管实施过程中可能还是会遇到挑战，但这些挑战可以通过不断地强化而最终被克服。

如果新的流程或支持工具毫无缘由地把销售人员日常工作的方方面面搞得过于繁杂，那就会遇到比较大的阻力。例如，销售人员会认可客户拜访流程很重要，可以帮助他执行更有效的拜访，特别是见新客户的时候。如果是这样，当你要实施这个领域的流程时应该会成功。但是，如果你要求他们拜访每位客户前都要做正式的拜访计划，他们可能会非常反感，因为这个流程看上去过于专横和繁琐了。

另一个我们常见到的是冗长的客户管理流程。同样，销售团队认可这个流程，承认它让自己和重要客户打交道时做得更全面，与客户目标结合得更紧密。如果是这样，他们不会反对这个更严谨、更规范的客户管理流程。但是，要求销售代表在一本厚达 20 页的客户计划书里记录下关于这个客户的所有信息，他们立刻会认为这是一件低价值的行政工作而拒绝执行。他们极有可能这样做。如果做这件事超出了销售人员认为的合理范畴，他们会憎恨这个流程并且永远都不会执行。

当然，我们并不是建议管理层事事都必须得经销售人员的一致同意后才能设计和实施销售流程。很多不受销售人员欢迎的命令依然是好的管理决定。我们的观点只是需要在管理改变不足和流程难度过大之间找到一个平衡点。走极端会让好的销售流程被销售团队束之高阁，最终昙花一现，无疾而终（如图 6—3 所示）。

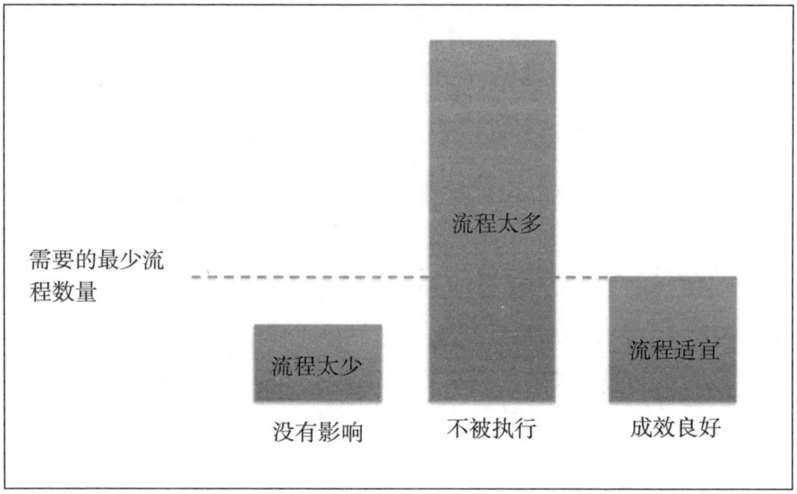

图 6—3　销售流程的合理数量

我们自己管理改变的方法可以被描绘成全面的极简主义。正如我们刚才提到的，执行一个销售“流程”必须同时考虑销售人员运作的整套系统（如图 6—4 所示）。我们永远都从策略开始考虑——每个销售角色是如何定义的，他们在销售团队中起到什么样的作用。接下来我们再设计由一系列销售活动集合而成的流程本身，而后我们会看销售流程需要哪些工具和支持。最后，我们会开发出一套有效衡量和管理这套流程的指标。这样全面的变革管理的方法可以通过设计、培训、强化等分阶段地推进保证改变的持续性。

虽然我们的整体方案是全方位考虑的，但在达成流程目标的前提下，实施时尽量减少流程要求的工作量。对负责 10 个客户的销售人员实施的客户管理流程比 10 个人负责一个客户的客户管理流程要轻巧许多。对一个负责 50 个中型客户的销售人员实施的区域管理流程比一个需要负责 500 个跨行业、跨地区、规模各异的潜在客户的区域管理流程也要轻巧得多。变革管理过多或过少都会扼杀一个流程。管控的基础控件太大或太小，上面的流程都会有危险。正确“尺寸”的销售流程是成功管理的关键。

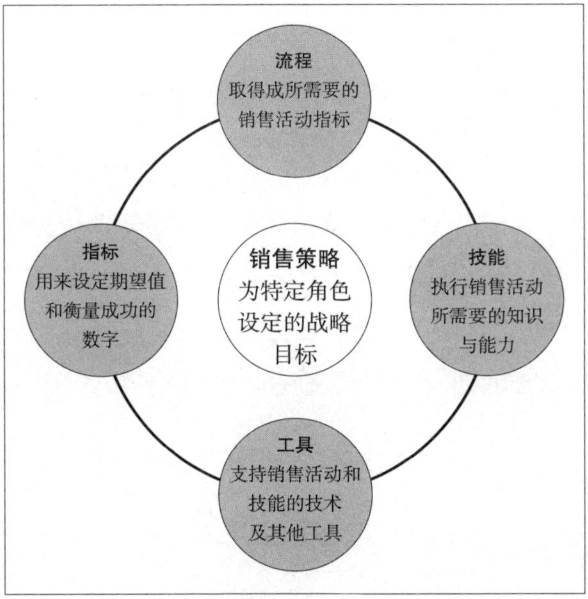

图 6—4　管理改变的全方位方法

拿来主义和脱靶

前面提到，很多公司经常会问我们：“哪个销售流程最适合我们？”与这个问题类似的一个也是经常被问到的问题是：“哪个销售流程是最佳实践？”第一个问题我们给出的答案是，你不要为公司设定流程，你要依据不同的销售角色设定流程。对第二问题我们的回答是，与销售角色相匹配的、轻重合适的、有系统支撑的销售流程就是最佳实践。这没什么特别的。

当人们问我们这两个问题时，多数时候他们并不是让我们在客户拜访管理、客户管理、机会管理、区域管理及销售支撑管理这几个我们讨论的流程中做选择，因为他们当中极少是从这个视角来考虑销售流程的。通常，他们咨询的类似市面上各种版本的销售方法论，这些理论是把销售活动打包在一起的现成的定制菜谱。

无数供应商提供这种菜谱式的、从货架上拿下来就能用的销售流程，“口味”通常与客户拜访、客户管理、机会管理会有些不同。我们自己也提供标准化的架构，作为客户高层级流程设计的基准。平心而论，不管是从架子上拿下来的现成流程，还是自己一点点摸索出来的流程，都不能说谁好谁坏，任何流程的内在价值都要看前后关系。

之前，我们定义的“最佳实践”销售流程需要具备以下 3 个条件：

1. 与角色相关；
2. “尺寸”合适；
3. 有系统支持和固化。

显而易见，从架子上拿来的销售流程不具备以上三点。首先，流程与角色相关肯定不是流程供应商具备的优势，如果供应商提供的是客户拜访流程，他们多半只会向你兜售该流程。不是说这些卖家试图欺骗你，这就是他们看世界的角度。如果你恰好需要的是这样的流程，你就会在最佳实践的路径上。但如果你的销售角色要管理大片区域的众多客户，客户拜访大同小异，他就不会按照客户拜访管理流程执行，你花在购买该流程的钱也就不会有任何回报。我们发现，这些流程之所以不适合，通常是因为这些供应商描述的“我有锤子，那你必须是钉子”的逻辑造成的。

其次，我们还没见过一个“尺寸”适合所有人的销售流程。实施流程的程度是极其重要的，从架子上拿下来的流程通常都是高大全的设计。我们经常见到十页的客户计划被很多负责20个客户的销售经理留在了书架上。让他们把几十位客户的拜访都一一记录下来是不可能的。对某些销售角色来讲，十页纸的客户计划书是合适的；但对其他的销售人员来说，也许一两页纸的客户计划更符合流程管理的需要。如果你是个“两页纸”的客户经理却被强迫完成十页纸的计划，你肯定会抵制执行这个流程。

最后，把一个打好包的、现成的销售流程植入复杂的销售环境中是一件非常困难的事。切记，流程需要相关培训、工具、指标来支撑才有可能持续。供应商会把跟自己流程相关的特定培训和工具打包，但这种打包的流程会跟销售人员日常活动的世界相去甚远。这种流程在销售一线的实战中会让人觉得很别扭，销售人员也会对其很抵触。根据我们所建议的销售流程最佳实践的三项条件，这样的从货架上拿来的产品很难令人满意。

总之，从货架上拿下来的现成的销售流程有时会和一些销售角色十分契合，但也有可能远远偏离了靶心，毫无作用——甚至成为销售团队生产力的毒药。不管你是自己构建还是购买现成的销售流程，必须保证它们对特定的销售角色是合适的，并可以整合在一个全面的变革管理的框架中。只有你安装好了正确的基础控件，才能对你的销售团队进行有效地衡量与管控。

销售流程选择的灰色区域

关于销售流程的特质，我们最后要说明的一点，同一个流程会有很多不同的形式。也就是说，你可以采购或自己构建不同种类的客户拜访流程、机会管理流程、客户管理流程及区域管理流程，这都取决于你的销售人员需要达成什么目标。关键是了解和分析每个方法论的不同之处，选择适合销售活动的流程风格。下面就让我们拿客户拜访管理流程来说明这点，因为这也是最运用最广泛的流程。

所有客户拜访管理流程都是为了达成一件事，即提高销售人员与每位客户互动的质量。但是，销售人员的客户拜访活动也有不同的类别，每一种客户拜访管理流程都应针对某一特定的客户拜访。例如，销售前期的客户拜访通常是为了发现客户需求，激发购买兴趣。在这类销售拜访中，分析潜在客户情况，直击客户痛点的客户拜访管理方法论就十分有价值。

但是，当客户已经清楚了自己的需求，在购买流程中已经更深入了一步，发现客户需求、找出痛点的客户拜访管理的方法论在这个阶段就用处不大了，而强调“收益”的客户拜访管理流程则成为更好的选择，因为销售人员在销售后期的任务是要给客户勾画出一个美好愿景——不能再继续让客户感到不满意和不舒服。

更具针对性的客户拜访管理流程是帮助销售人员做好应对谈判的准备。销售人员与客户互动的目的既不是为了戳其痛点，也不是为了说明项目收益，而是就某个特定问题达成共识，比如采购价格和其他项目条件。在这种情况下，帮助销售人员准备好讨价还价的客户谈判流程最有价值。

以上这三个案例都是在讨论客户拜访管理流程，一个是发现痛点，一个是剖析痛点，一个是项目谈判。虽然它们的区别很小，但对销售流程的影响却相当大。我们看到，很多销售人员反复挖掘客户的痛点，把销售周期拉长，就是因为他们的客户拜访管理流程教他们这么做。这样的对话不但让销售人员痛苦，也让客户感到困惑。谁也不希望这样。

当你给自己的销售团队的特定角色确定流程后，你的流程选择任务并没有结束。你还需要准确研究这个角色具体的销售任务，然后找到合适的流程方法论。选择流程不总是一个黑白分明的决定，每个流程都会有其灰色的区域。

销售状况检查

当我们在考虑一个销售领导应该怎么使用新的销售管理密码加强对销售绩效的管控时，我们把目光集中在了管理销售活动和指导这五个正式流程上。这些流程是管控销售团队的基本要素，因为它们给你的销售经理提供了可操作的杠杆和齿轮来有效改变销售团队的行为。没有正式的销售流程，管理层就失去了影响团队的手段，达成目标和结果的管理工作就会被削弱。有了销售流程，经理们就真正可以管理一些事了。

当我们研究销售流程跟某个特定的销售团队的关系时，我们发现关联流程是由每个销售角色所做的工作来决定的。我们的观察是：每个角色的特质决定了在销售团队里实施哪个流程。选择正确的销售流程其实就是把每个销售角色与五个销售流程相对应。选择正确的流程是保证流程被执行的关键步骤（详见表 6—3）。

表 6—3 销售流程与不同销售角色之间的关系

销售流程	适合的销售角色
客户拜访管理	销售人员制定适中的客户拜访频次，这些拜访应对项目的结果有重大影响。
机会管理	销售人员跟进相对复杂得多阶段的项目。
客户管理	销售人员跟进一个客户的多个项目。从经济的角度来看，为此设计额外的客户计划很值。
区域管理	销售人员需要主动做大量的客户拜访，必须在不同类别的客户中合理分配自己的时间。
销售支撑	在销售部门内或销售部门外设置一岗位，主要负责销售人员的招聘、组织、培训、辅导、支持、评估等。

除了给每个角色选择正确的流程，我们的经验告诉我们成功部署正式销售流程还有两个条件。

第一个条件是，流程的“尺寸”必须适合销售角色。如果一个流程给销售人员的日常工作带来沉重的负担，流程会被他们忽略并最终弃之不理。如果流程力度太小，它的影响就会有限。因此，最好确定什么是刚好能管理和衡量这个角色的流程尺度。

第二个条件是，如果想要新流程的影响持续，就必须把流程和整体变革管理系统的其他要素连接起来。新流程需要有相关培训、工具、指标的支撑，从而融入销售人员的日常工作中。不然，惯性会让销售团队的行为回到原始状态。

我们还分享了从货架上拿来的流程的观点。虽然它们在个别情况下可以与销售角色完美搭配，但它们预先打包的形式不符合销售流程最佳实践的三个条件——关联、“尺寸”合适、有整体系统的相关要素支持。我们建议管理层谨慎选择何时自己构建销售流程，何时购买标准的销售流程。判断错误会带来灾难性的后果。

最后我们指出，不是所有的客户拜访管理流程、机会管理流程、客户管理流程、区域管理流程都是一样的。每个流程都会有不同的形式，并支持不同的工作。当你选择了流程的类别后，你还需要确定符合你销售人员需求的、具体的销售流程方法论。否则，你的流程还是达不到最佳效果。

当我们抓住了销售管理框架中销售活动层级的基础要素，我们就可以把我们的注意力集中到如何为销售团队制定自上而下的重要衡量指标了，即业务结果指标和销售管控指标。

第7章 选择和收集衡量指标

如果销售管理就是打响指

如果你的销售团队有一个正式的销售流程可遵行，那么作为销售经理，你就有一个良好的开端。跟你那些没有销售流程的同行相比，你就能让管理切实可行。但即使是在实施管控的过程中，你也必须决定你将借助这一管理力量来实现什么。于是你的问题变成了：

在具备了能够影响销售绩效的能力后，你该如何改变墙上的哪些指标？

这本书强调的主旨是销售管理需要聚焦。销售经理们手上有那么多的指标和工具，需要去管理那么多不同的事情，他们的注意力势必会分散。而且，现在的销售管理环境并不鼓励那种全神贯注般的聚焦，因为各种报表让经理们不得不从各个角度去审视自己的销售团队。如果各种报表摆在那里，那他们就不得不花时间去审读。

但是，如果销售经理需要聚焦，那他们就必须给指标排列一个优先顺序，他们会怎么做呢？他们会选择少数几个最关键的指标吗？让我们来假设一个场景，来看看可能会发生什么。

假设一群精灵突然出现在全世界的销售组织里，赋予所有销售经理一种神奇的能力，轻轻打一个响指，就能改变他们“作战指挥室”墙上的指标。于是你就会听到销售经理们迫不及待地快速打着响指，恐怕手指都要打出血来了。没有指标会被遗漏。这个指标，那个指标，还有这些指标。销售经理们的响指声肯定会此起彼落。

但是如果精灵们只给了每一位经理一次打响指的机会，那经理们会想改变“作战指挥室”墙上的哪个指标呢？啊，这个容易。大部分人都会选择营业收入这个指标。至少他们需要保证自己可以完成销售任务。不论是营业收入、利润或其他与公司健康相关的指标，我们希望聪明的经理们都会直奔改变最终结果而去。果真如此的话，想必你一定会爱上这些精灵的。

但是如果这些多变的精灵突然改变了主意，规定响指不能用来改变业务结果呢？营业收入、利润所有这些明显的指标都不在范围之内。那经理们会想改变哪个指标呢？大部分人会转向一个销售管控指标。这些指标能够让他们在规则突然改变之前，离他们所选择的业务结果指标近一些。但具体是哪个目标呢？他们是该锁定目标客户呢，还是销售某一特定产品？他们是该扩大市场覆盖，还是提升销售团队的能力？不管销售经理们选择改变哪个指标，他们都必须仔细思考一下，哪个销售管控指标是他们达成之前所选择的业务结果的最佳路径。

但是再等一下！如果那些恶搞的精灵现在又宣布那一个响指只能用来改变销售活动指标呢？业务结果指标和销售管控指标都不在一个响指的免费福利范畴内。于是，大多数经理可能会开始怀疑这个响指还有没有价值。虽然他们确实想要实现指标顶层的业务结果，但他们能相信改变销售活动指标，就能改变销售管控指标，从而达到位于“作战指挥室”墙上最顶端的那些数字吗？

当然，销售经理们会发现这就是他们所处的真实世界——你可以通过管理你的销售流程来管控你的销售活动。你的实际情况甚至比淘气的精灵们所提供的最后一个魔法还要好些，因为你想打多少个响指就能打多少个响指。但是该如何利用这些打响指的机会呢？你需要去改变销售衡量框架底部的哪些数字，去影响销售管控指标，从而达成业务结果？你如何能确保整个销售链条是紧密相连的？任何不确定因素都有可能导致一场灾难。

选择 A-O-R 衡量指标

这一节将说明那些写在“作战指挥室”墙上的数字所起的作用有多么重要。你需要选择一整套的相关指标，以便把一线的销售活动指标和销售管控指标以及你所希望的业务结果指标环环相扣。就像这个虚构故事里的销售经理一样，你需要反向去一层一层地构建一系列的衡量指标，而这些指标能够让你首先去管理销售活动，然后密切监视销售管控，结果数字自然随之改变。你需要构建自己的衡量指标因果链，我们把它缩写成 A-O-R 指标［Activities（销售活动）、Objectives（销售目标）、Results（业务结果）］，详见图 7—1 所示。

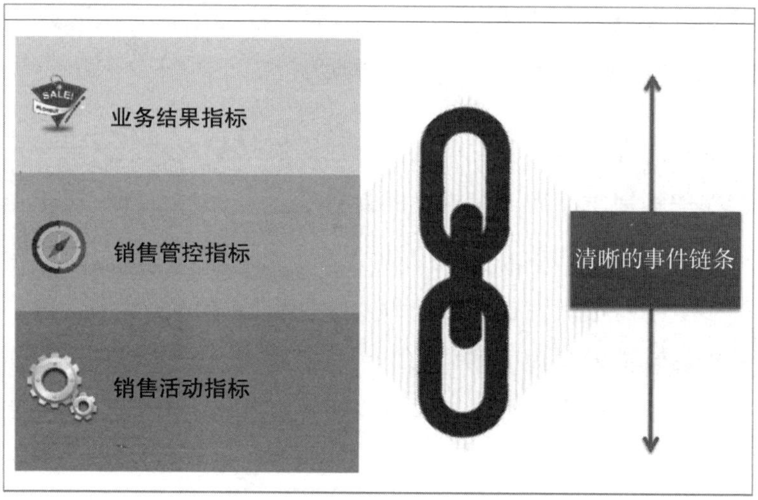

图 7—1　构建因果指标系统

当然，选择 A–O–R 指标是一项重要的工作。如果一整套衡量指标组合得不对，那么整个事件的因果链就会被破坏，你就不能满怀信心地管理销售团队了。如果销售管理体系中没有这个自上而下的可靠链条，那就无法保证你的努力会带来期望的结果。你的销售活动必须能够驱动销售目标，而你的销售目标必须驱动业务结果。这就是新破解的销售管理密码管理销售团队绩效的唯一方法。

我们更倾向于将这套选择的衡量指标称作 A-O-R，而不是 R-O-A，因为它所强调的是，销售活动是管控目标和业务结果的驱动力。在销售一线，你能直接影响的只有销售活动，对你能管理的事情关注再多都不为过。但是，制定这些指标却是自上而下的，因此，你在现实中选择指标应该是从业务结果开始。你永远需要以终为始，这里的终就是业务结果。恰巧这些指标都是最容易确定的指标。业务结果指标通常都是由公司高层选择好了交给销售团队的任务。不管你的公司选择哪些高层衡量指标，业务结果指标都不神秘。看看你的年报就行了。

在这些衡量指标中，挑选销售管控指标却着实需要花点儿工夫。如果你选择的最终业务结果指标是提升营业收入，那可以从很多可选择的销售管控指标来着手。你可以瞄准客户重点指标，如增加客户钱包份额、获得新客户、进入新市场等等。或者你可以瞄准产品重点指标，比如新产品的推出或者现有产品的组合销售。每当策略发生变化时，都需要你去调整销售管控指标，如市场覆盖或销售团队能力。

在任何情况下，真正的挑战不是找到增加营业收入的方法，增加营收的方法有很多。真正的挑战在于选择胜算最大的销售管控指标，以找到达成业务结果最容易的路径。比如，你已经有很高的客户钱包份额，继续加强对客户的渗透，也许会有帮助，但是更明智的策略可能是针对新客户去拓展新业务。另一方面，如果你目前的市场覆盖已经很高了，那么增加你现有客户的钱包份额就更容易些。因此，无论你的选择是什么，确定销售管控指标需要对每种可能性都仔细考量，因为它们之间存在着巨大的差异。

当然，当你找到最有力的销售管控指标后，你需要回到管理销售活动以达成管控目标。我们在前面举过几个例子，例如，加强客户计划管理可以提高客户钱包份额，或者增加潜在客户拜访的数量以获得新客户。你可以通过无数独特的销售活动来实现。和选择销售管控指标一样需要仔细考量。

读到这里，你应该已经从本书中理解到了你需要在销售管理框架中去反向构建路径，但是，还剩下一项非常重要但是经常被忽略的工作：给你的 A-O-R 设定定量指标。例如，你决定通过获取新客户来增加营业收入，相应地，你需要增加挖掘潜在客户的工作，那么你就完成了整个公式中定性的部分。但是你还需要决定从多少客户身上获得多少营业收入，要拜访多少个潜在客户。如果没有清晰的业务结果、销售管控和销售活动的定量指标，那就很难预测你是否能到达你想去的地方。如果你没有在正确的衡量指标指引下做这些事情，那你可能做的事都对，但依然不能达成结果。记得那句老话：衡量什么就做到什么。

A-O-R 指标让销售团队更专注于销售行为

我们接着用同一个故事系列来进行说明，让我们回到我们的老朋友艾薇拉和格里芬那里去看看。经过令人振奋的三年经营，他们公司的业务规模已经翻番，他们非常清晰地为自己的销售团队设定了明确的业务结果、销售管控和销售活动的期望值。他们的业务结果指标在三年中没有改变过——每年 25% 的增长。但是，他们主要的销售管控指标则根据每年不同的情况而在不断变化。每年，他们都在反向构造他们的 A-O-R 指标，以便使销售团队在一线专注于他们所希望的销售行为。

在他们这个三年成长周期的第一年，他们发现自己的主打产品"微笑时刻"已经占据了目标市场 80% 的份额。因此，他们不可能靠增长"微笑时刻"的销售量，来让公司达到两倍的增长目标。于是他们决定把产品增长重点转移到新的、销售前景远大的产品线"再次微笑"上。艾薇拉不是个光靠运气的人，她机智地给自己的管理团队设定了管控指标，他们第一年的目标是要让公司 30% 的营业收入来自于"再次微笑"的销售。

要改变他们的产品重心，他们还需要把市场覆盖指标的重心转移到小型写字楼上，这些才是“再次微笑”的最佳潜在客户。于是他们又设定了第二个销售管控指标——每季度至少联系25%的“再次微笑”潜在客户。为了达到这个水平的市场覆盖，他们还提供了销售活动层级的指导方向，要求每名销售每周拜访10名“再次微笑”的潜在客户。他们第一年的A-O-R指标就如图7—2所示。

	指标	目标
业务结果指标	• 业务增长	25%
销售管控指标	• 来自于“再次微笑”产品的营收占比	30%
	• 每季度联系“再次微笑”产品潜在客户的数量占比	25%
销售活动指标	• 每位销售代表每周拜访“再次微笑”产品潜在客户的次数	10

图7—2　第一年的A-O-R指标

第二年，他们希望业务结果中的营收25%增长的指标保持不变，但他们的销售管控指标需要改变。他们已经达到了市场覆盖的目标，所以他们需要另一个新的杠杆来增加他们的业务量。经过分析，他们发现“再次微笑”结单率比“微笑时刻”低很多，因为很大比例的提案被拒绝了。于是得出结论，他们第二年增长“再次微笑”销量的方法就是要提升销售团队销售产品的能力。

于是，他们再次改变了自己的侧重点，设定了两个新的销售管控指标：把“再次微笑”产品提案成功率提到60%，从而把“再次微笑”产品结单率提高到40%。为了实现这两个销售目标，他们在销售活动层级做了重大的调整，要求所有方案书都要经过销售经理检查后方可提交给客户。第二年，他们新的 A-O-R 指标看上去已经有所不同了（见图 7—3 所示）。

	指标	目标
业务结果指标	• 业务增长	25%
销售管控指标	• “再次微笑”产品结单 • 产品提案成功率	40% 60%
销售活动指标	• “再次微笑”产品提案提交经理审核比例	100%

图 7—3　第二年的 A-O-R 指标

第三年，艾薇拉已经发展出了一支具有卓越能力的销售团队，全面覆盖了她的目标市场。那她该如何再次完成 25% 的营收增长呢？她在第一、第二年已经打出了最强劲的两手牌，她需要为业务增长找到一条新的途径。幸运的是，她的一名销售人员发现了“再次微笑”产品的另一块肥沃的市场——学校。

于是，他们迅速调整了客户重点，确定第三年 30% 的营业收入要来自教育行业。新的一年有了新的目标。艾薇拉也对销售团队活动做了很多调整，例如，要求每位销售人员每周拜访十几个潜在客户。最后一年的 A-O-R 指标又一次改变了，如图 7—4 所示。

	指标	目标
业务结果指标	• 业务增长	25%
销售管控指标	• 来自于教育行业的营收比例	30%
销售活动指标	• 每位销售代表每周拜访教育行业潜在客户的次数	12

图 7—4　第三年的 A-O-R 指标

在每一个例子里，这些指标都是从上到下完全统一的。每一个确定下来的销售活动指标都能直接影响到销售管控指标的实现，进而直接影响到业务结果的实现。每一个销售目标和销售活动都有一个从 25% 营收增长的最终业务结果指标倒推回来的可量化的数字指标。如果做决定所依据的假设是对的，那管理团队只要坚持执行，外界的力量就很难阻挡这家公司增长的脚步。生命中没有什么是确定的，但是构建这样一整套衡量指标，实现期望的销售绩效就绝非难事。

A-O-R 指标体系的形状

在上面这些例子中，我们展示了构建 A-O-R 指标的一大重要特点。这一指标体系非常值得大家关注。之前，我们只用了销售活动、销售管控、业务结果三个指标只呈线型排列——一个销售活动驱动一个管控目标，达到一个业务结果。例如，加强客户管理会增加客户钱包份额，进而提高市场占有率。但是，在现实世界中，事情并不能那么整齐划一。当你开始构建你自己的指标体系时，你会发现连接关系通常要比从下到上的一条直线要复杂得多。

在实际操作中，销售活动、销售管控和业务结果三大指标在销售管理体系中可能交叉纵横，有时同一层级的指标间可能会直接联系，甚至可能在中间来回跳跃。在最早的艾薇拉－格里芬的案例中，第一年的业务结果指标是25%的营收增长。为了实现这个目标，他们选择了推出新产品“再次微笑”这个销售管控指标。这在业务结果与销售管控之间是一个纵向的一对一的联系。

但是，新产品的推出还需要其他销售管控指标的辅助。首先，它们需要将目标锁定在新型客户身上，所以设定了覆盖新客户的指标。这个新目标又要求要增加新的销售人员，于是他们建立了另一个销售管控指标，来填补所有的空位。一个业务结果被分裂成三个销售管控指标，而每一个指标之间又相互支持（详见图7—5）。

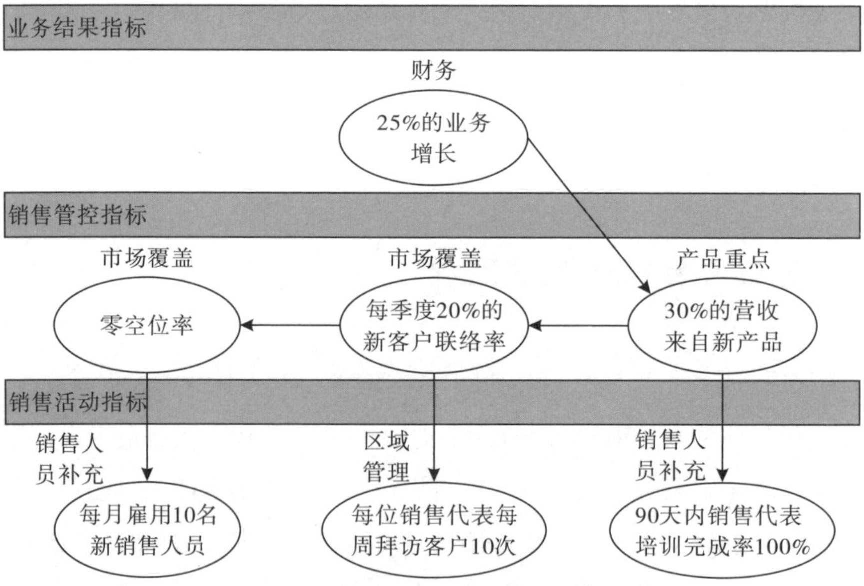

图7—5　非直线型A-O-R指标示例

在“作战指挥室”的墙上有了这三个销售管控指标，艾薇拉就可以制定相应的可管理的销售活动指标。为了成功推广“再次微笑”产品，她需要对销售人员做新产品培训；为了充分覆盖市场，她需要每名销售人员完成一定数量的潜在客户拜访；为了填满销售人员的空缺，她需要以某种速度招聘销售人员。三个销售管控指标分别对应三项销售活动指标。

在这个例子中，每个销售管控指标都需要对应一项销售活动，但也并不总是这样。你的组织情况和你变革的类型决定了你用 A-O-R 构建管理体系的特定路径。它很少是简单的 1-2-3，销售管理并不是打响指那么干脆。当你真正开始设计你的 A-O-R 指标时，请记住这些指标之间的连接形状更像是一棵树而不是一根棍子。但简单总是最好的。只要确保你有信心管理好你所选择的销售活动指标，你就可以达到上面所述的结果。

学会放下过去

这些例子在如何改变销售团队的重点方面也为我们上了很好的一课。你会注意到，管理团队每一年都会重新评估自己的战略方向，并根据新战略来重新调整销售团队。实际上，三年中有两年，这家公司都对市场策略进行了很大的调整：第一年推出了全新的产品；第三年锁定了一个全新的目标市场。这其中无不彰显出整个销售组织灵活应变的能力，这让销售团队成为了公司的战略资产。当需要变革时，他们目标明确，反应迅速。

改变公司发展的方向并不是什么特别的绝技。大部分公司都有这种能力，毕竟每家公司都必须与时俱进。但是，艾薇拉和格里芬所做的一件事是别的公司很难做到的，那就是放下过去。

大部分公司尝试改变的时候，他们通常会保留之前做得成功的东西。绩效指标很容易被保留下来。在“作战指挥室”的墙上添加一个数字不会是太难的事。如果墙上的地方不够，字写小点儿就是了。于是年复一年，随着市场覆盖策略的改变，墙上的数字就越来越多，从不曾减少。这一切都是因为一个不争的事实：

从“作战指挥室”的墙上拿走衡量指标是一件非常困难的事。

在本书开始的部分，我们讨论了在当今这个销售管理自动化的年代，报表是多么的普及。只要按个按钮，上百个数字指标就能直接呈现在报表上。但我们一直强调的主题是聚焦。如果你只是一味地增加对今天有用的指标，却不去删除那些只对过去有用的指标，那你发送给销售团队的信息就会让他们感到迷惑。就好比你本来心里是想说：“做不同的事”，但嘴上说出来的却是“做更多的事”。“不同的事”销售人员通常可以做到，但是“更多的事”却不可能做到。

艾薇拉能让自己的销售团队迅速调整方向，是因为她给了团队清晰的指令。每年她都会告诉自己的团队，她想让他们做什么，以及如何去衡量他们的结果。除了营业收入目标没有改变外，每年出现在平衡计分卡上的指标都改变了。在销售团队的脑子里，永远有三到四个处在前面中心位置的衡量指标，因为她已经把那些陈旧的指标从“作战指挥室”的墙上拿走了。

如果她像往常那样，不断地堆积指标，那么她的销售团队就会收到一个如图 7—6 所展示的第三年 A-O-R 主题。当每个经理坐下来和销售人员一起回顾他们的业绩，并讨论接下来要做什么的时候，你觉得他们会讨论第三年新增加的 A-O-R 指标吗？当然。那他们会讨论第二年的旧指标吗？有可能会。那么那些早就过时的第一年的指标呢？也可能会。既然这些指标出现在了报表上，经理们就会要求下属去达成，销售团队也会努力做到。所有数字或许都能完成，或许一个也做不到。什么都是重点就等于没有重点。

	指标	目标
业务结果指标	• 业务增长	25%
销售管控指标	• 来自“再次微笑”产品的营收占比	30%
	• 每季度联系“再次微笑”产品潜在客户的数量占比	25%
	• “再次微笑”产品结单率	40%
	• 产品提案成功率	60%
	• 营收来自教育行业细分市场	30%
销售活动指标	• 每位销售代表每周拜访“再次微笑”产品潜在客户的次数	10
	• “再次微笑”产品提案提交经理审核比例	100%
	• 每位销售代表每周拜访教育行业潜在客户的次数	12

图 7—6　第一年至第三年的 A-O-R 指标（没有删除陈旧指标）

我们的一个客户每月为自己的销售团队提供 28 份不同的报表。28 份报表！在遥远的过去可能只有 1 份，然后 2 份、3 份……最后是 28 份。那些一线的销售经理们整天淹没在一堆数字中，变得对数字麻木了，甚至对那些重要的数字也失去了感觉。作为管控销售团队的绩效指标，这些数字已经被稀释得没有什么作用了。对管理者来说，放开过去跟指导未来一样重要。如果你想要你的销售团队专注，那就需要剥开衡量指标的那层历史外壳，让几个重要的指标曝光在聚光灯下。只有这样，销售管理才会变得有成效。

谈一谈报表

尽管我们的结论是无休止地增加报表功能并不能让大家更好地管控“作战指挥室”墙上的数字，但是产生有意义的、及时可信的数据，对销售管理的效果来说无疑是非常重要的。没有清晰的报告，你就无法进行数据分析，从而确立 A-O-R 指标，也不可能把这些数字放在聚光灯下追踪。因此，好的报告对销售经理而言是非常有帮助的。

当你要把自己的 A-O-R 指标付诸实践时，你可能马上会遇到一个问题——报告哪些数字呢？也许你已经感到从业务结果到销售目标，再到销售活动，你的管理体系走得越深，就越难获得数据。你很有可能已经掌握收集业务结果数字的方法了，比如财务、客户满意度、市场份额，因为它们都是反映公司健康状况曝光率很高的衡量指标。这样的指标通常点击一下“运行报告”的按键就可以得到。

而另一方面，销售管控指标就没那么一目了然了。这个层级上的某些指标会比较容易获得，因为从财务或交易系统背后的销售数据中可以挑出来。这些指标包括那些代表你的销售团队卖了什么的产品重点数字，以及把产品卖给了谁的客户重点数字。

如果跟客户发生交易，那些相关数据就一定会保留在某个数据库里。你只需要找到是哪个数据库即可。

但是，当你开始考虑市场覆盖、销售团队能力这些指标时，你需要报告的数据就不会体现在交易系统里了。大部分这样的指标多多少少都会涉及某种程度的人为因素，无论在收集还是在验证上都会遇到问题。比如，为了全面评估市场覆盖，你可能需要检查销售人员花在跟客户打交道的时间比例。对大部分销售团队来说，这种活动通常发生在办公室之外。因此获得它们的唯一方法就是走出去收集。你不可能坐在办公室里按一个“运行报告”按钮就能得到这些数字。要走出办公室，去做调研和亲身观察，才能收集到这样有关时间和工作量的数据。

另外，“人为因素”的复杂性还体现在销售团队能力的衡量指标上。

首先，有些信息必须通过销售人员手动输入系统。这样的例子发生在销售机会管道报表的数字，比如项目处在销售周期的哪个阶段，预计一个特定项目的金额大小等。如果销售人员没有更新信息，或粗心大意录入了错误信息，那生成的报告就缺乏可信度。我们知道系统本身无法改变输入数据的质量，正所谓：进垃圾，出垃圾。

其次，还有某些是跟销售团队能力相关的衡量指标，比如培训后的技能提升、对产品信息的理解这类想要量化销售知识和技能的指标。显然，这样的指标不如营收增长、市场份额那样具体，但它们也是销售管理重要的输入信息。

这类衡量“软技能”指标的一个难处在于，它的质量取决于评估工具的好坏。我们曾经用过非常好的、让我们极力捍卫的工具，也见过非常差的工具，恨不得除之而后快。但是不管这些指标是从何而来，它们都需要在“作战指挥室”的墙上占有一席之地。

跟报告业务结果和销售目标层面的指标一样棘手，我们最常被问到的关于报表的问题是：“我怎么衡量销售活动呢？”问这个问题的人毫无疑问希望我们能透露些收集这些销售行为，汇集成详细报告的秘诀。不幸的是，没有秘诀。它跟你们想象的完全一样，这是一项艰苦的工作。

获取销售活动数据主要有三种方法，有些方法我们之前都提到过。首先，你可以从销售人员那里获得这些数据，要么对他们做周期性的问卷，要么要求他们持续不断地往系统里输入信息。无论哪种方法，都无法避免主观性和非持续性。但在我们合作的公司里，也有不少销售人员在认真地输入正确而及时的数据——非常认真。

你应该能想到，这种认真不是由于销售人员自己就喜欢往系统里输入数据，而是由于管理团队设定了期望值并重视执行。当你走在这些公司的办公室里，你总能听到销售经理们说："如果它不在系统里，它就没有发生。"你会看到这些指标出现在销售人员的激励提成计划里，比如 CRM 数据的准确性；你还会看到这些指标出现在"作战指挥室"的墙上，比如登录 CRM 的销售人员比例。这一切都是"衡量什么什么"的具体体现。

获取销售活动相关数据的第二种方法是直接观察销售人员的行为。我们是指观察销售人员是如何完成管理层关心的销售活动的。如果你想知道你的销售人员是如何拜访客户，在销售一线表现得怎样，没有别的办法，只有你亲自去销售一线。 但是要注意的是，这种"收集数据"的销售访问跟通常销售经理陪销售一起去见客户是不一样的。要收集好数据，你必须扮演调查员的角色，观察、记录，但不能参与。对很多销售经理来说，这并不是一件容易的事情。

获取销售活动相关数据的最后一种方法是从支持销售团队日常工作所使用的软件应用和其他工具的后台交互数据中获得。比如，如果你的客户拜访计划嵌入到了销售自动化工具里，那么就很容易从工具中生成销售人员使用客户拜访计划的报表。再比如，如果你使用线上应用系统做方案，就能很快知道在某个特定时间里提交过多少个方案。用这种方法跟踪销售活动是最不容易被抵触的，因为它不需要销售人员额外做什么，但你收集的信息会受到销售团队所使用的工具的限制，如图 7—7 所示。

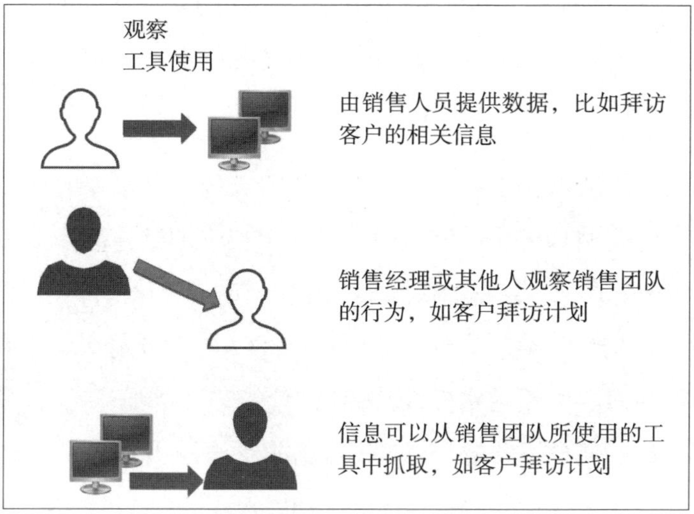

图 7—7　收集有关销售活动的数据

有关数字报表，我们最后还有两点需要指出：首先，不是所有的报表都需要自动生成。我们举过手动收集数据的例子，但是很多公司都不愿意花过多的时间在收集报告信息上。但是，如果你真的需要某些数据管理和衡量你的销售团队，那么原始的手工报表也是选择之一。

我们曾经合作的一个管理团队，他们认为让客户经理知道每一个客户的利润率对客户经理来说非常重要。他们内部的财务系统无法产生这样的报告，因为它需要把几套互不兼容的系统整合起来。于是他们招来一些财务人员，每个月通过你能想象的最原始的报表方式来做客户利润率的报告。很多 IT 总监可能都会畏惧这样的做法，但这却是最简便易行的生成报告的方法（也可能是性价比最高的方法），可以立即对公司的利润率产生重大影响。因此，不要害怕手工报表。好的报表就该被使用，不一定非得通过点击“运行报告”按钮来获得。

最后，我们认为销售指标应该在有需要才提供的基础上来进行报告。不要因为简单就把所有报表一股脑儿地都提供给销售人员。当你每周一早晨，在邮箱里收到 28 份报表，你很难知道从哪里入手，哪些报告是重要的。有人发这样的报表，那这些报表就一定对有些人有意义。但对你是否意义？也许吧！

在销售团队里，不是每个人都需要所有的信息来完成自己的工作的。他们需要的是那些能够让他们专注于特定的销售活动、销售管控和业务结果的指标。过量的信息只会麻痹销售人员和销售经理，让他们对自己的工作产生困惑。当你在构建自己的 A-O-R 指标时，我们建议你只报告那些需要解读的指标及其相关信息——不要再多了。不要把你的销售人员变成数据分析师，试图在数据的海洋中找到一艘救生船。

销售状况检查

当你有了销售流程之后，你就可以影响“作战指挥室”墙上的那些数字了。但是，你必须专注在那些直接影响你的销售目标和业务结果的少数销售活动上。想管得太多，必然会什么都管不了。如果你想做的话，你可以改变墙上的所有数字，但不要同时改变。我们还是要强调：专注、专注、再专注。

因此，你要反向构建一整套业务结果、销售管控、销售活动的指标体系。如我们在之前调查中了解到的，你要先确定你需要的业务结果，选择可以直接驱动业务结果的销售管控指标，然后再选择直接影响这些管控目标的可以被管理的销售活动。我们把这套聚焦于特定方向的指标称为A-O-R指标，并用之来强化销售活动、销售目标和业务结果之间的因果关系。

经过深入地分析，你就可以很好地制定出一整套A-O-R衡量指标体系，让你可以用“作战指挥室”墙上的数字来指挥一线销售人员。你只要每次执行一个指标即可。但是我们也观察到，即使非常谨慎、专注的公司也经常会犯一些错误。

首先，每当你的市场策略改变时，你就要改变你的A-O-R衡量指标。每一年，甚至每一个季度，你都有可能需要引导你的销售团队执行不同的策略，每次及时地用新的A-O-R指标来装备你的销售团队，就会让你的销售团队成为你占领市场的战略武器。但是你需要放下那些过去的绩效指标，最大限度地减少对一线销售人员的干扰。必须专注、专注、再专注。

其次，收集那些不在交易系统里的数据可能会面临很大的挑战。在销售管理体系中走得越深，也就越难获取可靠的数据。特别是那些销售活动层级的衡量指标，它们通常需要手工输入到报告系统中。但是，如果你需要用数据管理你的销售团队，那你就要试着找到收集它们的方法。别想着为了图一时方便而最终导致放弃了管控。这就得不偿失了。

至此，我们有了流程、指标和报表，现在就只剩下一件事去影响墙上的数字了：开始管理你的销售人员。让我们现在就把注意力转到这上面来——我们的旅程从起点到终点就差这最后一公里路了。

第 8 章 用流程和数据进行管理

现在该去管理了

现在，你已经准备好了正式的流程和相关的支持工具。你还仔细选择了销售活动、销售管控、业务结果相关的定量指标。你甚至还拥有了聚焦在你的 A-O-R 指标上的数字报表，可以说万事俱备，只差去实施管理了。

我们之前提到过一线销售经理的工作是公司中最具多面性的——营销、财务、IT、讲师、辅导员等，身兼多职，可谓一应俱全。而本书的重点在于阐述销售经理应如何运用衡量指标去管理销售人员，因此，我们将通过销售经理们一天当中的部分工作来深入阐述它。虽然其他部分对这个角色也很重要，但我们相信销售经理如果能更专注于跟自己的销售人员互动，会最大限度地对销售绩效产生影响。

记住不是所有的销售都是一样的。很多公司设有不同的销售角色来完成各种不同的任务。有的销售人员负责挖掘区域中的销售线索；有的销售人员要把某一个客户的长期价值最大化；有的销售人员每个月要打几百个电话；有的销售人员每周只做几次面对面的客户拜访。销售人员所扮演的角色特点是不一样的，每个角色所做的事情也是不一样的。

我们花了很长时间去讨论每个销售人员的日常工作是如何决定他们需要哪个正式的销售流程来支撑其销售活动的：不同的销售角色有不同的流程设定。当正确的流程得以实施时，它们会跟销售人员的实际操作非常贴近，能有效管理和衡量他们的活动。因此，在同一个销售团队中，不同的销售角色可能会使用不同的销售流程。

当我们强调销售经理所扮演的角色时，我们为什么要再来回顾这些要点呢？因为对于需要用不同的销售流程来管理不同的销售角色的销售经理们来说，有一个非常细微却很强大的影响要素：

你必须用不同的方法管来理不同的销售流程。

这个观点看上去是那么显而易见，但在实际工作中却经常被销售团队忽略。还记得我们之前跟那位聪明的销售经理之间的对话吗？他曾被公司领导层要求使用与销售毫无关系的指标——客户管理的工作却被检查客户拜访量。他知道不同的销售角色需要不同的销售流程和衡量指标，但他的同事和老板们却不知道。他们急于用公司其他客户经理所采用的客户拜访量来管理所有人。他们强烈期望用同一种方法管理每一个人，因为他们希望能够简化流程。但是销售管理却不是简单的事情。

如果一名销售经理同时管理几个不同的角色，他所遇到的挑战就会翻倍。销售经理们必须用特定的销售流程去管理和衡量特定的销售角色。每一个不同的销售角色都采用不同的销售流程去管理和衡量。因此，我们很容易理解为什么销售经理们往往最终又回到单一的管理方法上。同时管理很多不同的流程会让人手忙脚乱。

当然，你把销售管控指标融入客户管理流程的方法和融入客户拜访管理流程的方法是截然不同的，但其最基本的目标是一样的——提供指导并检查销售管控指标的进展程度。但是，这二者之间的侧重点可能会完全不一样：一个更具策略导向，另一个更具战术导向。支持的工具也肯定不一样：一个是客户计划，另一个是拜访计划。管理一个流程和管理另一个流程会有很多不同的方法，因此，让我们看看如何实际运用 A-O-R 指标去管理不同的销售流程。

客户拜访管理

如果你所管理的销售角色只做数量中低、特殊性强、影响力高的客户拜访，那你就需要有客户拜访管理流程。这个流程会帮助你的销售人员更谨慎地准备与潜在客户进行风险较高的拜访，同时也为销售经理提供了一个辅导和提升其销售人员的场所。

当销售经理和销售人员一起计划即将开始的客户拜访时，销售经理可以借此机会确保销售活动跟公司业务结果和销售管控指标的路径相符。这正是销售管理能引领销售方向的地方：销售人员在准备跟客户会面的过程中，销售经理可以直接影响他的行为。在这本书的开始部分，我们曾经提到销售经理能够执行对销售绩效的管控。让我们在这里分享一个实际发生的例子。

我们的一位客户遇到了一个棘手的问题。这家公司为其客户提供两种不同的产品线：一种是高价格的高端产品，另一种是低价格的基本产品。当销售人员遇到需求复杂的客户时，客户会很愿意支付高端价格去购买额外的功能。当销售人员碰到只有基本需求的客户时，客户会愿意接受功能少些而价格相对较低的产品。这都没有什么问题。

但他们的问题是，市场上还有第三类客户。这些客户希望用中等的价格买到中等功能的产品，他们不想用基本产品但又付不起高端产品的价格。遇到这类客户，销售人员没有别的方法，只能将高端产品进行打折销售，否则就会丢单。这些折扣给公司的利润率带来很大压力，于是他们准备收购一家竞争对手，这家公司的旗舰产品正好符合第三类客户的需求。既可以一个中间价格销售这种“新”产品，还能保证公司的利润率。这是一个看起来令人满意的解决办法。

但新产品需要由已有的销售团队去销售，因此一线的销售行为必须改变。销售人员不能再沿用将高端产品打折的简单方法了——他们必须学会销售中端产品，这就需要销售经理去推动（有时可能是强迫）。因此，为了达到30%利润率的目标，公司领导层设定了接下来的一年销售 6000 万美元新产品的销售管控指标。为实现这个目标，他们计划对这类中端产品的潜在客户要进行 100% 的拜访。因此，他们决定借助他们现有的客户拜访管理流程去推动这件事，如图 8—1 所示。

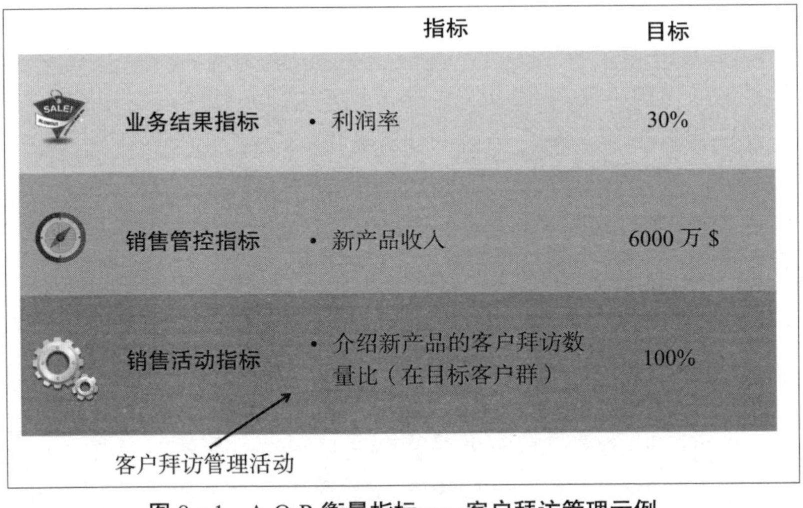

图 8—1　A-O-R 衡量指标——客户拜访管理示例

当时我们碰巧在帮助这家公司培训销售经理。因此，我们听到了很多销售经理和销售人员之间的对话，有些很好，有些却比较糟糕。好的对话会沿用这样的故事线索。

经理：费尔，你这周要去拜访哪些客户？

费尔：有些老客户的常规拜访，但有个潜在客户的拜访可能值得聊一聊。

经理：哦，说来听听，是一家什么样的公司？

费尔：这是市场上的一家新公司，我不知道您听说过没有。但他们的规模跟您熟悉的欧德公司差不多。

经理：当然。欧德公司是我做销售时就接触的客户。那你拜访的目的是什么？

费尔：我们之前已经见过他们公司的相关负责人了，他们同意让我给他们做产品演示。我的目标是：第一，让他们对产品演示印象深刻；第二，希望他们能购买少量机器。一旦他们看到我们的产品有多好，他们会跟我们购买更多的。

经理：这听上去很有道理。那么你打算给他们演示什么产品？

费尔：我们最贵、性能最佳的产品线——斯丹百。

经理：嗯……我记得欧德公司的需求并没有那么复杂。你刚才说他们的情况跟欧德公司很像，是吗？

费尔：是的。您知道接下来会发生什么。他们会爱上这款产品但不会喜欢这个价格，然后他们就会讨价还价，为自己争取一个好价格。这应该是一个双赢的订单吧。

经理：等等！我们有新的功能不是最好但价格也不是最高的新产品。这个新产品应该更适合他们，你考虑过这个产品吗？

费尔：当然。但以中端价格卖给他们高端产品会像扣篮一样把握性更大。我会在这个月底结单的。

经理：这可能会是一次不错的扣篮，但记住我们的销售管控指标，我们今年需要卖 6000 万美元的新产品，而且需要向中端客户 100% 地推荐新产品。如果我们现在不按公司的方向做，又怎么能做到这个数字，获得奖金呢？

费尔：我明白您的意思了。中端产品线虽然不容易销售，但却是最合适的产品。

经理：让我们多花点时间好好计划一下你在拜访过程中该如何让这个新产品扣篮得分。

费尔：当然。我们来看看。

这样的对话显示了客户拜访管理流程如何能改变一线销售人员的行为。同时也显示了强大的衡量指标是如何帮助销售团队聚焦的。如果没有正式的客户拜访管理流程，这名销售人员就会继续沿用之前阻力最小的方法——给高端产品打折。如果没有 A-O-R 衡量指标作为指南，经理的观点也不会这么有说服力。可见，流程和衡量指标的组合是非常强大的。

客户拜访管理是非常具有战术性的活动，所以销售经理可以和销售人员一起做拜访计划：该问哪些具体的问题，预计客户会有什么顾虑，以及制定其他非常具体的行动。如果你需要管理以客户拜访为主的销售人员，你就会经常进行这样的对话。你需要做好准备，随时投入到销售拜访的特定细节中，把他们的行为与你所希望的结果结合起来。在销售团队中，既要有策略，也要有战术。客户拜访管理就是在战术层面上将两者结合起来。让我们看看机会管理流程有什么不同。

销售机会管理

如果你管理的销售角色需要管理复杂和多个阶段的销售周期，那你多半会用到机会管理流程。这个流程会帮助销售人员查看竞争状况，鉴别机会，制定策略，寻找所需资源，管理项目计划，从而最终赢得订单。对那些跟踪项目数量少但金额大的销售人员而言，机会管理是其必备的销售流程。

和客户拜访管理一样，机会管理也是销售经理确保销售活动与所期望的目标方向一致的理想场合。除了能提高销售赢得项目的概率（销售能力的目标）以外，早期的项目参与非常重要，它可以将销售人员引导到合适的项目机会（客户重点和产品重点）上来。我们都知道，追逐错误的项目会浪费很多时间，并且回报很少。为了演示机会管理可以如何避免这样的浪费，让我们分享一个客户的例子。

这个客户不能说有什么问题，他就是一心想增加营业收入。当我们帮助这家公司评估他们的销售经理并培训其提升销售能力时，我们发现了一些有趣的现象：首先，他们的销售人员平均能够赢得他们纳入到机会管理管道里的项目 36% 的订单，考虑到市场上的竞争对手，这个数字不算差。但有一个销售经理所带领的团队的赢率却高达 70%，是其他团队的两倍。更让人吃惊的是，我们注意到他的团队纳入到机会管理管道的项目总量比别的团队少 25%，而他的团队所做的潜在客户拜访却比其他团队多 50%，相应地，他们所创造的营业收入也比别的团队多 50%。更多的客户拜访、更高的结单率以及更多的营业收入，与之对应的却是一个更小的销售机会管道。这个发现引起了我们的兴趣。

我们跟着这位销售经理一起工作了一天，希望能从中找到他管理销售机会的秘诀，我们很快就发现了它。当我们看了这位经理和几个销售人员一起检查他们的销售机会管道里的项目时候，他的某种行为模式非常明显。以下是他与其销售人员所进行的对话。

明星经理：瑞秋，告诉我你这周都发现了什么。

瑞秋：这周我发现了三个新机会，我觉得都不错。让我一个一个给您讲讲。

明星经理：太好了！

瑞秋：第一个项目是我们之前合作过的公司。我们跟他们的重要人物关系不错，而且他们目前的需求跟我们的产品很贴近。我查过了，这家公司的信誉等级很好，他们有望在这个季度末采购。从各方面看，这个项目都不错。

明星经理：那么你认为这是一个合适的销售机会了？

瑞秋：我想象不出还有什么比它更合适的项目了。

明星经理：好的，那你可能需要继续跟踪并把它放到你的销售机会管道里。

瑞秋：太好了！下一个机会不那么确定。我们之前和这家公司也做过生意，但我们之前主要联系的人已经离开了。他们肯定会在市场上购买，我们的产品也是最适合的。我只是需要更多的跟进。我下星期会和这公司新的负责人会见。

明星经理：OK。我们先把这个项目留在销售机会管道之外，直到我们有了更多的信息。你跟客户见过面后我们再来详细讨论。

瑞秋：当然。最后一个机会也是来自之前跟我们合作过的斯特阿维公司。

明星经理：啊！我记得这家公司。我们去年跟他们做过一笔不大的生意。那次的经历可真是噩梦啊！

瑞秋：是的，我从别人那里听说了。他们看上去不好对付。

明星经理：岂止是不好对付，简直是太糟糕了！斯特阿维公司引入了 8 家公司来进行投标，这么小的生意还让我们一个个竞争。然后他们让我们进入到了第二轮讲解，竞争对手变成五个，然后是三个。我们必须为他们提供密封的标书，还有很多东西。我们最终赢了这个项目，但我不想同样的事情再发生。

瑞秋：我想我也不愿经历这样的折磨。

明星经理：我不是想告诉你不要做这个项目，但你最好看看这个项目有多大，有多少竞争对手。无论如何，在你还没有更好地鉴别之前，也不要把它放到销售机会管道里。

瑞秋：没问题。我只把第一个项目放在系统里，而其他两个等我有更多信息后再来讨论。

经理：干得好。我很期待你会发现什么。

从这段对话中，你很容易就看出这位销售经理管理销售机会管道的艺术。和其他销售经理只跟自己的销售人员讨论处在销售周期靠后阶段的、即将结单的项目不同，他会在销售周期的前期还没进入 CRM 工具的时候，帮助销售人员鉴别销售线索是否合格（更多时候可能是不合格）。这样，他就能把不好的销售机会彻底排除在销售机会管道之外，这就是他的团队结单率高的原因，而且因为他的销售人员没有在不好的机会上花太多时间，他们就有更多的时间做更多的潜在客户拜访，找到更好的机会。因此，在销售机会管道管理上简单但重要的一课就是排除垃圾。

在发现了这个最佳实践活动之后，这家公司做了一些 A-O-R 指标模式的调整。为了达成营业收入增长的目标，他们选择了提升销售团队能力指标和36%的结单率。通过召开正式的“潜在机会筛查会”，每位销售经理都会帮助销售人员更仔细地鉴别所有的新机会，之后再进入到销售机会管道。这个鉴别早期项目的活动受到了大家的欢迎，也因此为公司带来了更多的营业收入（如图8—2所示）。

这个例子不但说明了好的机会管理的力量，还显示了管理客户拜访和管理机会的不同。客户拜访属于战术层面，而机会管理则更加战略一些。一名销售经理同时管理这两件事是有可能的。这两方面都是有效管理销售机会管道所需要的。但是销售经理们要把自己的思维在策略和战术之间来回切换，有时候会比你想象的要困难。两个完全不同的流程，对应的是两套完全不同的管理工作。

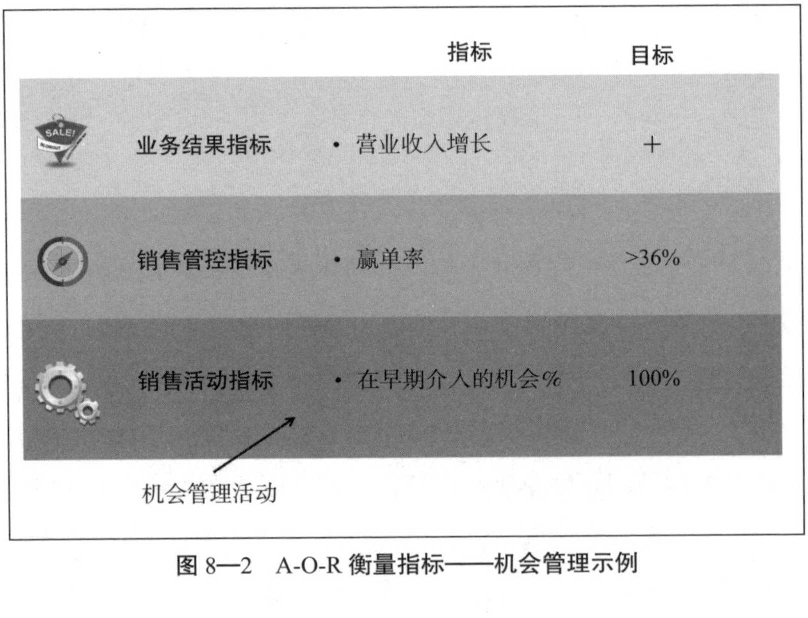

图8—2　A-O-R衡量指标——机会管理示例

客户经理管理

客户管理需要在更高一级的思维层面来讨论。当然，这个流程只有在销售人员需要去最大化其重要客户的长期价值时才能派上用场。记得客户管理的工作就是帮助销售人员把公司的需求和客户的需求紧密联系在一起，通过重要的活动创造出组织间的共同价值。如果几个客户代表了你大部分的业务，你就不能把他们留给运气。对重要客户来说，意外往往是一件非常危险的事情。

因此，销售经理需要参与到销售人员的客户管理活动中至少有两个原因。

首先，销售经理们需要确保他们的客户经理将公司的需求与客户的需求联系在一起了。销售人员太容易只关注自己想从与客户的关系中获得什么，而无意识地忽略了客户的业务目标。在长期的业务关系中，把两家公司要做的事情形成战略层面的统一是非常关键的。

其次，你的公司依然有其销售目标和业务结果需要达成。销售经理也需要经常调整确保销售人员的活动不但要符合客户的需求，同时也要符合自己公司的目标。把客户的利益放在第一位固然是非常好的策略，但你最好把自己公司的利益紧挨着放在第二位。

我们的一位客户给客户管理做了一个很好的示范，值得在这里与大家分享。这家公司的主要业务是为工业客户提供重型设备的租赁，比如拖拉机、推土机等。公司直接从制造商那里购买设备，然后按照特定的条款将设备租赁给客户，租期通常是两到五年。当租赁合同快要到期时，公司的销售人员会根据设备折旧后的价格积极争取跟客户续签合同。当设备价格和自己的财务状况相吻合时，这无疑是一笔很好的生意。

但是公司要想提高利润率却有着相当大的压力，所以他们进行了深入的分析，找到了新的利润点。他们发现根据现在市场的情况，如果销售人员能说服客户在设备租期到期后，购买这些设备，而不是再续签两到五年的租赁协议的话，那公司的利润将会更高。这个发现很有意思，可能会产生重大的“到期”影响，因为设备租赁总是会到期的。现在这家公司需要根据这个新的策略去改变销售人员的行为。

而这家公司跟大客户们都保持着良好的关系，他们已经有非常体系化的客户管理流程。于是销售经理们跟自己的销售人员开会布置了新的行动任务。

经理：安娜，你可能已经听说我们对快要到期设备有了新策略。

安娜：是的。我知道我们希望将有些设备卖给客户而不是继续租赁。

经理：是的。那么我们需要一起来看看，在你的客户中，有哪些租赁这种设备的客户适合这样的销售，他们的租赁合同何时到期。

安娜：好。那让我们从必得公司开始吧。他们租赁了 50 台设备，但只有 20 台是我们希望售卖的类型。而且未来六个月里只有 10 台会到期。其他 10 台还有三年才到期。我想所有可能达成销售的情况就是这些了。他们有一部分的设备是我们想卖的，而且租期会在不同时间段到期。所以我不能现在就去做这件事，我需要花时间去规划一下我们的销售策略。

经理：是的，每个人都面临这种情况。需要详细计划，确保中间没有遗漏。

安娜：那让我们挨个看一遍我的客户，找出未来 12 个月我们可以销售的设备。然后我们一起来看看这个清单，根据需要更新我的客户管理计划。

经理：好主意！你知道，我们希望销售 25% 的即将到期的这种设备。为了达到这个目标，我建议你跟自己符合条件的客户在他们的租赁合同到期前 120 天开一个会。这样，你就有足够的时间跟他们沟通这个想法，准备所有的流程了。

安娜：这听上去很好。我们能下星期一起制订每个客户的计划吗？

经理：可以。到时我们再谈。

同样地，这家公司能够迅速调整自己的策略方向，因为他们有正式的流程来主动管理销售团队（如图 8—3 所示）。当公司领导层决定转移产品重点以提高利润率时——基本上是卖机器而不是租赁—— 他们根据自己的客户管理流程，创造所需要的结果。如果销售团队在每个符合条件的客户租约到期前 120 天就跟他们联系，主观上他们是可以卖掉一些设备的，这将给他们带来不少的利润。这正是好的管理带来好的结果。

请注意上述销售经理和销售人员之间的交互，已经跟客户拜访管理和销售机会管理有不小的区别了。这样的对话已经是在策略层面进行的了，它帮助销售人员发现新的机会，最终还是需要制订客户拜访计划，但是客户管理活动看的是未来更远的机会。它们已超越了讨论的范畴，这通常比客户拜访和机会管理发生的频率低。同样，我们看到不同的销售流程，不同的管理工作。同样，销售经理可以通过具体的衡量指标，去直接影响销售人员的行为。

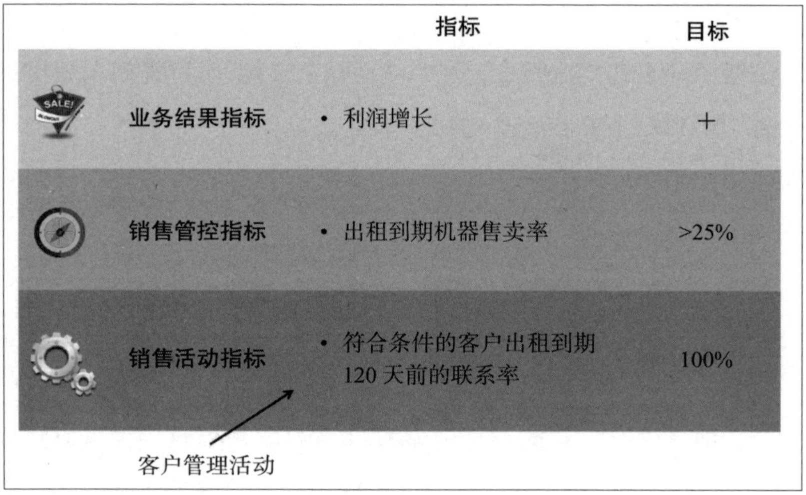

图 8—3　A-O-R 衡量指标——客户管理示例

销售区域管理

如果你要管理的销售角色需要在不同类别的潜在客户中间分配时间，那么你通常会使用区域管理流程。这个流程可以帮助销售人员对目标客户进行排序，设计他们的客户拜访组合，以最高效的方式拜访客户。在时间有限的销售世界里，区域管理可以确保销售团队的时间和精力得到最有效地使用。

我们注意到区域管理流程中的很多前端分析并不是由销售人员而是由其他人员来完成的——销售经理、销售运营人员以及市场人员等。但到了流程的某一节点，就要交给销售人员去完成：安排出差，客户拜访，面对面销售等。这时候，销售经理就需要参与进来，保证销售人员在一线始终行驶在正确的轨道上。有很多外力会让销售偏离轨道——冲突、朋友关系、舒适、方便——这时候销售经理需要把销售人员拉回正确的轨道上来。

我们有个客户曾经是典型的客户管理型公司。他们过去的业务有80%来自于长期合作的客户，因为公司的品牌影响力在市场上非常强大，所以另外20%的客户则是自己找上门来的。他们有着一流的客户经理，所有的流程、工具、指标和培训都非常可控地维护和发展他们的客户关系。然而经济危机的到来让他们措手不及。突然间，大客户开始流失，保留下来的客户业务量也不增反降，而且情况越来越糟。A计划一夜之间不再是可持续的市场策略。公司在倒闭之前亟待一个好的B计划。那就只有一件事可以做：找到更多的客户。

但是，挖掘潜在客户并不是销售团队擅长做的事。他们的销售人员已经习惯了对已有客户进行定期拜访，开发新客户的能力早已退化了。我们知道，当需要行为做出改变时，销售流程是最好的朋友。所以公司管理层就找到了一个好伙伴——区域管理流程。

他们实施了一系列严格的销售活动来确定潜在客户，进行优先级排序，销售线索以非常系统的方式分发给了销售人员。他们甚至还建立了销售活动的衡量指标，好在“作战指挥室”里观察新客户的增长情况，包括跟踪每个销售新客户拜访数量。所有一切都准备就绪，除了一条，那就是他们的销售不愿开发新客户。

对他们的客户经理来说，这件事不仅不熟悉，还让他们恐惧。管理团队意识到他们的销售人员并不适合这项工作，但他们总不能把整个销售团队都换成新客户开发能手——他们也不愿意这样做。他们认为经济最终会复苏，业务也会回到客户管理流程的轨迹上，于是他们决定使用销售团队改变最重要的杠杆——一线销售经理。于是销售经理就开始了以下跟销售人员的每周例行谈话。

经理：那么尼克，你这周的计划是什么？

尼克：（递给经理一张这周打算拜访的客户名单）嗯，我今天下午和明天去城里，周二去城北。周三、周四和周五去其他郊区。这是我每月第一周都会干的事情。

经理：嗯，这单子上的名字看上去都很熟悉。

尼克：是的，他们是最重要的客户。我希望至少每30天就能卖些东西给他们，所以通常我每月初都会去拜访他们。

经理：我有点儿担心这样到了月底，拜访新客户的数量会达不到公司要求。根据公司争取新客户的策略，我们真的需要花时间在潜在客户身上。你可能需要重新考虑改变你客户拜访的安排。

尼克：但是，我不能忽视了我最好的客户呀！我75%的提成都来自这张纸上的客户。

经理：我不是建议你忽视你的客户。但我们也有非常明确的潜在客户拜访目标，你知道——每个销售人员每月要完成16个新客户拜访。而且现在大家都在看这个数字。你觉得这周你可以做几个潜在客户拜访吗？尤其是在市中心，很多目标客户在那里。

尼克：我可以，但你希望我不去拜访这名单上的那些客户吗？

经理：问题应该是，你觉得名单上的哪些客户你可以暂时不去拜访，这样你就有时间在市中心拜访一些新客户。

尼克：如果必须的话，我会去掉些在郊区的小客户，但我还是可以顺路去看看他们。比如，当我周三去马格公司的时候，迷你公司和米克公司就在街对面。虽然他们目前跟我们采购的东西不多，但他们是我们几十年的客户了，我觉得还是该有个10分钟的会面。

经理：我没有任何异议，这只是优先级的问题。由于众所周知的原因，我们今年的重点改变了，你得同意寻找新客户是我们近期完成销售任务唯一的途径。

尼克：是的，我同意。我只是觉得我应该把现有客户处理好，再去拜访那些我不认识的人。

经理：好的。那么告诉我如果你这周不见新客户，你这个月怎么完成拜访16个潜在客户的目标？

尼克：我可以先把手上这些老客户拜访完，这个月剩下的时间多见些新客户。

经理：如果这个月没有什么突发事件，比如缺货这类需要救急的事，你还有可能做到。

尼克：那不太可能，总会有什么意外发生的。（停顿）好吧，你可能是对的。我会放弃这周去拜访几个小客户的计划，多花点时间去市中心找找潜在客户。如果能提前完成16个新客户拜访的任务，我月底再去见那些小客户。

经理：这听上去不错。那么我来讨论下谁是你在市中心该见的重要客户。

在这个例子里，公司试图通过获取新客户来提高自己的营业收入。对客户经理们来说，突然开始做挖掘新客户不是自然而然的行为，但要达到公司期望的业务结果和销售管控指标就必须做这件事，如图8—4所示。于是，区域管理流程也就成为了改变一线销售人员行为的载体。同样，可量化的A-O-R指标给了销售经理让销售聚焦所需要的机制保障。如果没有流程和衡量指标，销售人员就会待在自己的舒适区里，那营业收入也不会自己找上门来。有了流程和衡量指标，销售经理就能在迫切需要的时候对销售绩效实施有效管控。

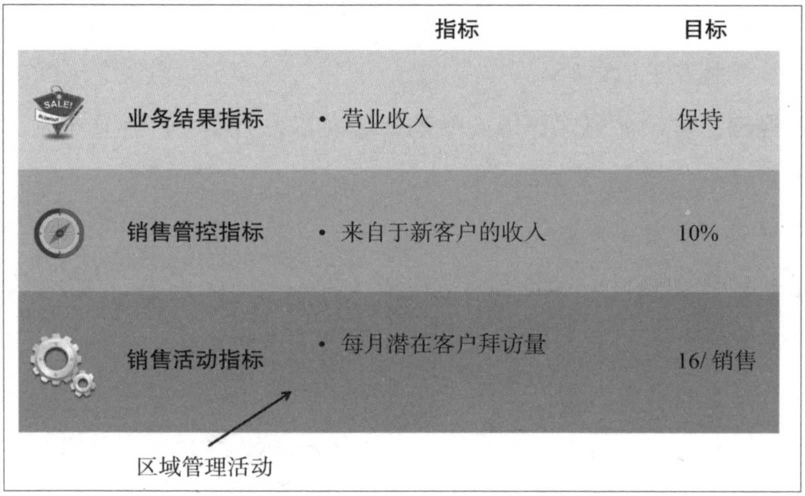

图 8—4　A-O-R 衡量指标——区域管理示例

销售支撑管理

尽管销售经理并不像管理其他销售流程那样，来“管理”销售支撑流程，销售支撑活动比如培训，为销售团队实现业务结果和销售管控指标提供了支持。因此和其他以销售为中心的销售流程一样，销售支撑活动也同样需要主动管理和衡量。

在本章前面的机会管理的案例中，我们讨论了一家公司执行了“潜在项目筛查会”这样的新机制，以便在销售周期的前期更好地鉴别项目机会。聪明的读者可能已经发现了，这里并不只是新的早期机会鉴别的管理活动，还有新的销售支撑的活动：销售经理和销售人员之间的辅导互动。这个会提高销售结单率，继而达成营业收入的增长。

公司领导层当然希望“作战指挥室”墙上有这样的数字来确保项

目辅导活动的发生。在这个例子里，每个销售经理每两周要跟销售人员召开一次潜在项目筛查会。这家公司接着就遇上了一个典型的管理挑战——如何从这些会议中收集可靠的销售活动的数据。

在经过到底是用手工还是用系统来收集新的辅导交互信息的讨论后，公司高管们最后决定对销售人员进行定期问卷调查。问卷不仅让管理层了解会议有没有召开，还能让他们询问销售人员接受辅导的质量如何。他们不仅想让销售经理提供辅导，还想知道这是不是对销售人员很有价值。

因此，新的销售团队支撑指标建立起来了，虽然它不是来自于传统的报告系统，需要有人手写在墙上，但无论如何，它都在那里。这个例子说明衡量指标不仅能改变销售人员的行为，也能改变销售管理者的行为。

哪个目标对应哪个管理流程

针对销售流程如何影响销售管控指标，我们还有最后一点需要说明。在我们一起讨论前面例子的过程中，你可能已经感受到，有些流程比其他流程更适合驱动某些销售管控指标的实现。比如，客户拜访流程非常适合提高销售团队的能力，因为它主要提高转换率这样能影响销售好坏的指标。但是，执行客户拜访管理活动——计划、实施、总结客户拜访——不会增大市场覆盖。客户拜访管理是用来改善客户交互活动的质量而不是数量的。

在我们最初定义这三层销售指标之间的关系时，也发现了这点。

跟我们在项目研究之初“拷问”每一个衡量指标一样，我们对这五个流程也问了一个问题：

这个流程可以影响每一个销售管控指标吗？

客户拜访管理流程。你能直接影响销售团队能力指标吗？当然能。好的客户拜访管理流程可以帮助销售人员在销售机会管道中推动项目的进展。

机会管理流程。你能直接影响销售团队能力指标吗？当然能。这个流程无疑可以帮助销售人员赢得更多项目，因为它可以帮助他们在销售周期中逐层递进。

这次的工作量跟我们问每个销售指标时的工作量比起来要小得多，我们不再用问 306 个问题。但是，回答有些问题的难度却是一样的。

区域管理流程。你能直接影响销售团队能力指标吗？当然能。如果你能把销售团队的客户拜访集中到更合格的潜在客户身上，你的销售人员肯定能赢得更多的项目。看上去，明智的区域管理流程可以驱动销售团队能力指标，比如转换率。所以区域管理流程肯定能影响销售团队的能力。但是，等等，把销售团队转向更有潜力的客户上实际上影响的是客户焦点这个销售管控指标，而不是销售团队能力。区域管理流程不能让销售人员更能干，它只是把他们送到了更有潜力的客户面前。因此，区域管理流程可能间接地影响了转换率，但只有在改变客户焦点时才会发生。这其中有点微妙。

这个发现非常重要，管理销售流程可以影响销售绩效：

要达成特定销售管控指标，你需要管理特定的销售流程。

让我们来依次来看看哪些销售流程能直接影响哪一个销售管控指标。

市场覆盖

这个指标是为了衡量针对目标客户部署了多少销售资源和活动的。市场覆盖指标（比如销售总小时数、客户联系比例）显示了你的团队覆盖区域的密度是否足够。显然，区域管理活动可以直接作用于它，比如调整销售人员拜访的频率。你覆盖市场的销售容量也可以受到销售支撑活动的影响，比如人员招聘。所以，区域管理和销售支撑这两个流程可以用来影响市场覆盖。

但是主动管理客户拜访、销售机会和客户，不会增加市场覆盖。它们会让你跟潜在客户打交道时效果更好，但却不能让你的销售人员见更多客户。这三个流程显然不适合用来影响市场覆盖。

销售团队能力

另一方面，这些指标都是跟销售团队完成项目的效果有关。对于销售管控指标来说，客户拜访管理流程和机会管理流程无疑能帮助你推动销售机会管道管理中项目的进展，提高结单率。像培训和辅导这样的销售支撑活动肯定也能强化销售人员的能力。所以客户拜访管理流程和销售机会管理流程，以及配套的销售支撑活动也可以提升销售团队能力。

而客户管理流程不一定会帮助你推进并赢得更多项目。它可以帮助你在已有客户中发现更多的机会，但不能提升你赢得项目的机会。客户管理流程关注的是蓝图和长期客户关系的价值最大化。而区域管理流程是把大量的潜在客户整理成可以管理的目标客户群。它可以帮助销售人员专注于更可能有销售机会的潜在客户。因此，客户管理流程和区域管理流程都可以帮你找到新机会，但不能帮你增加赢得某一特定项目的可能性。对销售能力指标来说，它们并不是一个合适的杠杆。

客户重点

客户重点指标关注的是销售团队获取、维护和发展理想客户的能力。可能你已经想到了，区域管理流程在这方面作用很大，可以引导销售人员去做你需要开发的潜在客户。一旦到了维护发展现有客户阶段，客户管理流程就成为最强大的驱动流程了。机会管理流程也可以更好地让你的销售团队专注于某几类客户，因为你可以用它来鉴别进入销售机会管道项目的新客户类型。当然，销售支撑可以让你通过培训和武装销售人员来达成销售目标。

唯一不能帮助你提高客户专注的是客户拜访管理流程。这是因为在你决定拜访哪个客户之前，不会发生客户拜访管理活动。客户拜访计划是用来专注于某类客户，就好像旅行计划是用来选择目的地一样。策略之后才是执行，当你选择了目标客户之后，客户拜访管理流程会非常重要，而在此之前它没有任何用处。

产品重点

最后的这个销售管控指标是用来显示你是不是在销售你更倾向销售的产品。如我们在前面例子里看到的，好的客户拜访管理流程可以指导销售人员在见客户时推销特定的产品。同样，机会管理流程也可以在多阶段的销售周期中起到相同的作用。客户管理流程也可以通过制定策略来帮助销售人员把重点产品推广到现有客户中去。而推广新产品，你肯定要进行产品培训，这属于销售支撑活动。

表 8—1　A-O-R 衡量指标——区域管理示例

	目标			
	市场覆盖	团队能力	客户	产品
销售支撑流程	↵	↵	↵	↵
区域管理	↵		↵	
客户管理			↵	↵
销售机会管理		↵	↵	↵
客户拜访管理		↵		↵

对产品重点指标唯一没有用的是区域管理流程。但如果你推出了一款新产品，是针对特定客户的，把销售资源部署到这类客户身上，难道不能帮你增加新产品的销售吗？是的，它可以，但这是直接影响客户重点而不是产品重点。它们两个可以齐头并进，但只是改变区域管理流程，不会让你销售不同的产品。所以要实现某些具体的销售管控指标，你需要管理某些特定的流程。表 8—1 总结了这两者之间的关系。

请注意，不管你选择加强哪个销售管控指标，都需要有销售支撑。培训、辅导、武装销售人员永远是对成功有价值的活动。但你确实需要更有目的性，确保你的销售支撑活动可以直接支持你当前的销售管控指标。例如，如果你今年主要的销售目标是开发不同的客户，培训你的销售人员怎么更好地进行客户拜访就不是一个太好的选择。培训他们怎么管理区域可能效果会更好。所以，虽然销售支撑活动永远都有用，但你需要确保你选择的活动在这个时点能发挥最大作用。

除了销售支撑是销售绩效通用的杠杆外，你需要谨慎选择采用哪种管理流程。比如，如果你需要加强市场覆盖，你可能需要依赖于区域管理流程。或者你需要提高销售能力，可能需要通过客户拜访和销售机会的管理流程。如果你突然改变了客户重点，你需要拉动客户拜访、机会管理和区域管理流程的杠杆。如果你的产品重点需要改变，你可以通过客户拜访、机会管理、客户管理的活动来改变销售团队的方向。

表 8—1 是一个非常实用的小工具，它显示了销售管理流程和销售管控指标之间的关系。当你确定了上面你所希望影响的销售管控指标时，你就可以选择左边与之相关的不同的管理流程。实现销售管控指标可能不太容易。我们之前曾讨论过变革管理的难度。但它至少不再神秘了。我们已经把神秘转换成了挑战。

销售管理的藏宝图

我们曾半开玩笑地称这张流程—目标图为"销售管理的藏宝图"。如果你在寻找销售新产品的宝藏，那么这张地图会告诉你怎么找到它。如果第二年，你要寻找的宝藏变成了提高项目赢率，那这张地图也会指出它在哪里。不管你的销售目标变成什么样，都能找到如何从这里去到那里的路线图。你只需要明确你的目的地，这张路线图都会帮你描绘出路线。

但除了藏宝图外，许多高管也会把它看成梦想破灭的轨迹图。这张图让他们回忆起那些因为没有正确使用销售杠杆而壮志未酬的销售计划。他们本来希望进行更深入的客户渗透，销售团队却没有客户管理流程可遵循；他们本来想赢得销售机会管道中的更多项目，但却没有机会管理流程可遵循；他们确立了业务结果指标，挑选了销售管控指标，只是没有到达销售活动的层级，从而让“作战指挥室”里的将军们无法掌控这场战争。

如果你之前没有意识到，那现在也应该明白这五个销售流程是怎么起到管控销售绩效的杠杆和啮合的作用的。根据你要达成哪个销售管控指标，这张藏宝图将告诉你可以在哪些地方集中精力直接影响到结果。希望更大的市场覆盖？你知道有两条路可以做到。需要提升销售能力？你知道有三条路可以到达。客户重点和产品重点？有四条路可以选。只要有目标，就有具体的方法。

因此，这张藏宝图是你掌控销售团队绩效的最后一段密码。如果你希望主动管理你的销售团队达成最终目标，你只要执行这一系列的任务：

1. 认真确定你所希望的业务结果；
2. 明确（通过详尽的分析）哪些销售目标最能帮你达成业务结果；
3. 选择可以直接影响销售目标的销售流程；
4. 在这些流程中选择你能日常管理的特定的销售活动；
5. 确保对你所选的业务结果、销售目标和销售活动都有可量化的指标；
6. 执行管理。

无论你是销售领导还是一线销售经理，这条更优秀的管控路线都是相同的。在实际操作中，你可能要和公司里的别人——公司高管、市场人员和其他人员一起选择公司业务结果、销售目标和销售活动。

不管谁负责哪项具体的工作，整体计划都是一样的，实施的是自上而下的计划和自下而上的管理。这样，你最终就可以让你墙上的数字动起来了。

更高进阶：为销售个体选择适当的 A-O-R 指标

在本章的最后，我们来谈一谈为销售个体选择销售活动、销售管控指标和业务结果指标。当然，你可以将整套的 A-O-R 指标部署给整个销售团队，就像我们在这本书里写的一样。当销售组织里的很多人担任同一个销售角色时，这无疑是一个很好的管理和衡量的方法。如果你希望所有销售人员都做类似的工作，达成相同的目标，提供一套统一的绩效指标，设定期望，报告进展就比较好。

但是，不是所有的销售人员都在做类似的工作。即使是同一个销售角色，不同的销售人员也可能会在不同的日常环境中来运作。这时候，如果在销售组织里实行同一套 A-O-R 指标，则极有可能会产生问题甚至取得适得其反的效果。因此，A-O-R 指标必须依据个人的具体情况。我们不妨用跟客户最近的一次对话来举个例子。

我们会见了一家全球制造商的销售领导，讨论我们正在帮他的团队实施的销售经理辅导项目。他管理着一个相对复杂的组织，也给销售团队设定清晰的目标，包括业务结果和销售管控指标。业务结果指标基本一样——营业收入增长——但他们追踪很多销售管控指标。其中最重要的是客户重点方面的指标，包括新客户获取、老客户维护和客户钱包份额，因为他们的客户比较善变，喜欢来回变换供货商。介于他“作战指挥室”墙上的销售管控指标比较多，我们问这位销售领导它们的优先级是怎样的，以便我们决定在这个辅导项目中该强调什么。他的回答不算少见，却表达了销售经理们的普遍看法。他告诉我们：

你看，我们最重要的事是完成营业收入任务。这是我们所有人最终被考核的，也是CEO希望我交的作业。现在，我有必要去关心这些项目来自于新客户还是老客户吗？尽管我们有这方面的数字目标，但实际情况是，这些数字会因区域的不同而不同。有些销售经理负责的区域比较新，有很多潜在客户；有些销售的区域比较成熟，我们已经有了很高的客户渗透率，这需要销售经理决定每一个销售人员的最佳策略。为了完成销售任务，有的销售人员需要新目标客户，别的销售需要依靠已有的客户群。不管怎样，他们都需要找到自己的方法去完成任务。这才是我关心的数字。

这位销售领导的想法应该能反映出很多读这段话的人的想法。最终目标永远都是业务结果，在这里就是营收增长。但是只要营业收入在一年之内做到，那销售管控指标就没有那么严格要求的了。但是这位销售领导之所以不认为客户重点目标那么重要的原因，并不是因为他不关心。实际上，他后来跟我们分享了他非常希望获得新客户。对他来说，客户重点指标没有那么严格的原因是因为每个销售人员实现营收增长的实际途径不同。不同区域、不同客户的组成造成了今天的这种局面。有些销售人员需要靠获得新客户来完成任务，而有些销售人员需要靠深耕现有客户。因此，他把每个销售人员的客户重点指标留给销售经理去决定。

尽管把策略决策权授权给一线经理并没有什么本质的问题，但却存在根本的挑战。

第一个挑战是每位销售经理必须做分析，帮助销售人员决定哪个销售管控指标更有意义，是争取新客户还是深挖老客户。实际上，大部分销售人员会选择每个都做一些，这有可能让他们失去焦点。但让我们假设他们的销售经理想得很周到，能帮助销售人员选择好的清晰的客户重点目标。

第二个挑战是销售经理需要给每一个销售目标设定可量化的指标。我们还假设销售经理有能力为新客户获取和客户钱包份额设定指标。但销售经理们就得花好大工夫去一个一个地跟踪他们的销售管控指标。这意味着销售经理和销售人员们要很辛苦地记录下所有决定并跟踪绩效。最大的挑战来自于销售活动层级。

销售经理可以让每个销售人员都追求不同的目标，这就意味着销售人员可能需要用不同的流程管理。对需要执行新客户获取策略的销售人员来说，区域管理流程可以很好地帮助他们聚焦最有潜力的客户。在他们的区域内有效分配时间是成功的关键要素。

而对那些需要执行客户渗透策略的销售人员来说，客户管理流程肯定是最需要的。这可以帮助他们为选择的每个重点客户制定增加钱包份额的策略。当然，销售经理需要为这两类销售人员设定具体的销售活动衡量指标。

让一线销售经理和销售人员选择自己的销售管控指标，会给一线销售经理带来很大麻烦。如果公司可以给整个销售团队设定一套统一的 A-O-R 指标，那么一线销售经理们只要把精力集中在确保销售人员达成指标就可以了。但是，考虑到销售人员区域的复杂度，这个想法不太现实。那么选择正确的销售管控和销售活动指标，达成业务结果的责任就落到了一线经理的身上。

你可能会发现这个场景很常见。公司高管们经常会定下公司层面的财务目标，而让一线销售团队根据公司目标设定自己的销售目标和安排销售活动。这么做会产生多种市场覆盖策略，从而失去重点，这是本书不提倡的做法。但是这不意味着不可以让销售经理负责设定自己的 A-O-R 指标。

允许一线销售经理设定 A-O-R 指标，实际上是非常明智的管理策略。就像我们刚才讨论的那家公司一样，把这个职责赋予一线销售经理，可以确保每个销售人员的衡量指标都与之相关并且可以实现。不切实际或毫无关联的销售指标会非常打击销售人员的士气，所以非常需要在选择衡量指标时尽量接近实战。但这个策略有一个非常需要注意的地方，就是：

销售经理必须具备高超的 A-O-R 指标体系设计技能。

当销售经理从理论到实践都具备了设计 A-O-R 指标体系的技能时，他们就可以在为每一个销售设定不同的衡量指标的同时，保持与公司高层组织目标的一致性。公司在上层需要的结果，可以在底层灵活推进。如果销售经理们没有用衡量指标管理销售的技能，销售团队就可能偏离或放弃公司的战略重点，如果你是站在“作战指挥室”里的指挥官，这可不是你希望看见的。

但是为了成全本地化的个性管理而牺牲销售组织的统一性通常是一笔划算的交易。在那些有着明确的整体目标的公司里，销售经理会很清楚如何根据公司目标制定衡量指标来管理销售，他们也更擅长提升销售绩效。他们能够有目的地引导销售人员，当市场出现问题时，能够及时调整。在销售团队里，没有什么比有才能的销售经理更有价值的了。

所以，不管你是为整个销售团队设计统一的 A-O-R 指标，还是让你的销售经理去个性化他们自己的 A-O-R 指标，培养这样的知识和技能，保持整个组织的一致性是非常重要的。我们已经知道当销售团队没有管理纪律性时，销售一线的战场就不够安全。销售团队拥有好的作战计划，知道如何执行就会无往不胜。能够驱动正确行为的清晰的衡量指标框架就是我们所知道的最好的作战计划。教会你的销售团队如何管理衡量指标，你就可以去征服全世界了。

销售状况检查

在我们的旅程即将结束之前，我们不妨设想一下一线销售经理在实际工作中是如何运用我们研究发现的流程和衡量指标去管理销售人员的。如我之前所指出的，销售经理的角色职能是非常多元化的，因此，这本书中所讲述的概念可能会从不同的方面去影响他们。但是我们选择聚焦在了销售经理最重要的工作上——有针对性地与销售人员谈话。

鉴于每个销售角色都需要有一个跟他们特殊的销售活动相匹配的销售流程，我们决定按流程来研究销售经理的工作。很显然，销售经理和销售人员之间的谈话将取决于经理用来管理的销售流程。比如，如果你的销售人员主要参与的是客户拜访活动，你就需要在他的拜访计划中加入你的 A-O-R 衡量指标。如果另一些销售人员的主要活动是客户管理，你就需要在他们的客户计划中加入你的 A-O-R 衡量指标。每个流程都是不相同的，销售经理使用衡量指标影响销售行为的方法也不尽相同。

另外，我们还发现一些销售流程会影响一些销售管控指标。例如，区域管理流程很适合影响客户重点的销售目标，但对销售能力影响不大。机会管理流程可以提高销售能力，但对市场覆盖影响不大。因此，根据你想要实现的销售目标，你需要使用驱动这个目标相关的销售流程。用错误的流程驱动销售目标，那会浪费时间和精力。

最后，我们讨论了在实际操作中允许销售经理决定自己销售的 A-O-R 指标。这本书的写作宗旨是公司领导团队应该给销售组织设定清晰的业务结果、销售管控和销售活动指标，以便掌控销售绩效。但是在某些地区销售团队是非常多样化的，这让统一的管理方法无用武之地。这时候，就应该让销售经理定制化自己销售人员的指标，但必须要保证你的销售经理们有根据公司方向设计 A-O-R 指标体系的能力。否则，销售团队就从集中打击的战略武器，变成了各自为战的单打独斗，这可不是你想要的。

第 9 章 使命达成

销售管理密码破解之旅回顾

当我们准备开始写这本书的时候，我们回顾了很多我们之前所研究的跟这本书内容相关的分析框架。回想起来，破解销售管理的密码真的非常艰难。原因是我们所获得的都是些不关联的信息，更重要的原因是它本身就很难，比我想象的难得多。

我们一开始天真地以为做最佳实践的调查就好了。如果我们好好研究一下那些先进的大型销售组织设定衡量指标的方法，密码自己就会解开。但我们很快发现，即使最成熟的组织也还没有找到好的方法，来组织自己的销售衡量指标。虽然我们在调研中发现了很多公司有很多销售衡量指标，但它们都是分散且随意的，数字到处都是，一片混乱。

更令人沮丧的是，这些不同方法的销售衡量指标都没有提供一个有用的销售管理框架。没有架构，没有因果关系，没有好的方法“管理”数字，只是一堆各种各样数字的集合。而有的人却因为某些原因而对它们产生兴趣。简单地说，我们对销售衡量指标最佳实践的调查，并没有让我们发现任何我们希望找到的东西。既然没有什么清晰的最佳实践，我们决定自己画出这些指标的关联图。所以墙上几十份报告被分解成了 306 个独立数字等着被解读。

解读工具就是："我们能管理这个数字吗？"通过这个问题，我们完成了第一个突破：把销售管控指标和销售活动分开。但是接下来还有挑战，销售机会管道指标差点把我们送进了坟墓。接着是复合指标，再下来是把销售活动与销售流程关联，为每个销售角色制定销售流程，再把流程与销售管控指标关联。每一次的转弯，都会有一些复杂的情况迫使我们离开几天，清空头脑，寻找崭新的想法。前进两步，退后一步，有时甚至退后两到三步。

但我们终于站在了这里，我们的工作完成了。销售管理的密码被破解了，我们为销售团队准备的第一本运营指南诞生了。我们现在知道，我们可以有预见性地管控销售绩效，通过管理销售活动，影响销售管控指标，驱动业务结果。关键在于，要决定能带给你所需的业务结果的销售活动和销售管控指标的自然链条。曾经"作战指挥室"墙上混乱一片，如今已经秩序井然了。我们的任务最终完成了。

最后的销售状况检查

经过与"作战指挥室"墙上的数字持久惨烈的战斗，我们每个人都觉得胜利在望。我们赢得的是一场大的战役还只是个小的前哨战？与之前 306 个指标四处散落相比，我们给销售世界到底带来了什么新东西？说得更简单些，我们到底成就了什么？

我们将销售团队的活动和组织结果连接了起来。

第一眼看上去，这个贡献没什么了不起。销售团队从事“销售活动”一百多年了，组织成就的业务结果历史更长。我们从来都知道两者之间有联系。揭秘销售活动和业务结果有什么大不了的？我们会通过最后一个故事来说明这一点。

我们目前有位客户是一家非常成功的全球企业。他们在自己所有的市场上都处在领先地位，并且一百多年来都一直领先。这家公司一直出现在全球最受仰慕的公司名单中，只因它世界一流的管理方法。它的管理者们非常智慧和专注，管理任何业务都有严格的方法，当然也包括销售团队。我们说这些是为了说明他们不会犯大的错误，如果他们发现哪里存在问题，就会找专家来解决，持续改进已经深入他们的血液中，他们绝不会让问题存在太长时间。

在最近实施的这个项目中，我们访问了他们的高管，想知道为什么他们觉得自己销售经理的能力有很大的提升空间。我们对每个被访者都问了下面这个直接开放的问题：“你最希望你的销售经理提升哪方面的技能？”以下是过去两周我们团队得到的原封不动的答案：

◎ 我们的销售经理需要知道如何更好地把销售活动跟公司目标紧密相连；

◎ 他们需要更好地管理销售活动；

◎ 我们的销售经理需要帮助销售人员专注在重要的事情上；

◎ 他们需要知道如何更好地让销售人员专注在能影响业务结果的几件最重要的事情上。

从前面的引述中，我们可以清楚地看到公司领导层认识到销售活动驱动公司结果。同样也清楚他们希望销售经理让销售人员专注在影响结果的正确活动上。公司领导们不想让销售经理只是简单地喊：“冲啊！”然后就让销售人员更使劲地干。他们希望销售经理能有技巧地指挥战场上的行动，希望他们是主动的管理者。

显然，他们想让经理们做跟这本书所讲的完全一样的事：指挥能产生结果的销售活动。但销售经理们之前并没有这么做，他们没有完全按照公司目标在指挥销售人员的活动。这是一个重大的问题，所以不同的公司领导都指出了这是销售经理技能最大的缺失。对这样一家公司而言，这一直是个隐患。

那么为什么拥有这么多优秀的问题解决者的公司能允许自己的销售经理普遍存在这个问题？答案只有一个：他们不知道该如何解决。如果他们知道，他们早就把相关知识放进销售经理的培训中去了。他们会迅速而彻底地解决这个问题。但是，这个明显的隐患却一直存在，他们对此束手无策。公司领导们不知道该如何让销售经理把具体销售活动和期望的结果相连，因为这一部分知识根本就是空缺的。

这不是我们第一次听到领导们抱怨销售经理不知道如何把一线销售活动与业务结果相关联起来了。这只是最近的一次。这问题很普遍，我猜你在你的组织里也听到过类似的问题。如果你没有，你也可能听到另一种说法。高管们经常抱怨一线销售经理没有与公司所期望的目标保持一致。他们经常说：“销售团队没有执行我的策略。”或者说：“真正的问题是缺乏销售执行力。”不管是把销售活动与业务结果相连，还是把结果跟执行相连，本质上是同一个问题，那就是不能把销售团队的活动跟组织结果相关联。

这是我们的研究对销售管理法则的贡献：如何将组织战略和销售团队战术关联。我们在“作战指挥室”的指标墙前来回移动衡量指标的工作，揭示了销售经理们可以用哪些杠杆和齿轮来进行管理，现在销售经理们可以完成他们被赋予了几百年的任务——让销售人员把精力花在可以带来目标结果的销售活动上。我们聪明而勤奋的客户现在知道怎么解决他们的问题了，因为我们帮他们把这本书里的概念放进了他们的销售经理培训中：销售活动—管控目标—业务结果这个简单而深刻的方程式。

给你的一点建议

我认识一个人，他曾经是一家国际策略咨询公司的合伙人。他向我坦承，他从来没有从头到尾地读过一本管理的书籍。他说，大部分商业书籍都只是些概念，他只需要看前几章，再读后面就是浪费时间了。尽管对此我不一定同意，但他有他的观点。对高管来说，读一本书要费很多时间，想让高管觉得读它很值得，那最好是本好书。

如果你从头到尾地看了这本书，我们感到很荣幸。这意味着你觉得它的内容值得你投入时间。我们希望你的投入获得回报，更希望未来能为你提供更多观点。关于销售管理还有很多东西可写，我们承诺会继续写下去。在此之前，先祝你在“作战指挥室”里好运连连。

附录：销售管理的疑难问题

问题	答案（章节）
CRM 没有达到预期效果	1
报表增加并没有让销售绩效提升	1
明星销售无法成为销售经理	2
销售人员培训没有影响到销售绩效	2
纠结于如何提升关键绩效指标	2
没有做到预测业务结果	2
客户满意度低	3
没有达成你要求的整体结果	3
销售人员没有专注在客户重点目标上	4
难以判断销售团队的质量	4
不协调的销售活动或不清晰的销售流程	5
低质量的客户拜访计划	5
销售机会管道中太多不合格的机会	5
管理销售机会管道的挑战	5
客户计划是低价值的行政工作	5
销售人员的目标客户设定错误	5
销售人员花太多时间救火	5
无法提升销售团队能力	5
销售流程缺失或搭配错误	6
管理几种不同销售角色的挑战	6
需要选择恰当的销售流程和方法论	6
销售人员角色太复杂	6

（续表）

问题	答案（章节）
正规销售流程太繁琐	6
现成的销售流程不符合你销售的方式	6
选择正确的绩效指标	7
太多销售指标和报表	7
收集销售一线数据	7
销售人员行为符合公司目标	8
销售经理的工作专注于最重要的事情	8
对每个销售团队成员的行为设定清晰、可量化的期望	8

译者后记

十几年前，我第一次踏进惠普公司在北京的办公室时，楼道深处一间会议室的名字引起了我的注意：War Room——作战指挥室。初来乍到的我非常好奇，为什么一家公司还要搞得跟打仗似的呢？谁会在这间房子里？他们究竟会做些什么呢？

工作了一段时间后了解到，这间特殊的屋子主要是用来召开销售高层会议的。在这里，销售团队的领导们会聚集在一起讨论销售策略和计划，检查销售业绩和客户活动。这里的气氛也确实如打仗一样紧张。我那时想这确实是一间“作战指挥室”。

又过了几年，由于公司业务在中国迅速发展，销售团队不断壮大，我被授命建立一套销售运营管理体系，支持中国区总裁及其管理团队对中国销售业务的日常管理。这个职能部门就像是军队中的参谋部，主要负责制定销售目标、下放销售任务、跟踪销售业绩，通过对数据和信息的分析支持业务决策和销售运营。在建立这套体系的过程中，让我又进一步认识了销售团队中这间“作战指挥室”的真正内涵。

现如今的销售组织，对外正面临着市场竞争日趋激烈、客户要求更加个性化、采购决策越来越复杂等环境变数；对内正经历产品线逐渐增多、区域不断扩大、业务规模迅速增长、销售团队扩张、多种销售模式并存的新形势。这让管理现代销售组织变得越来越复杂，也越来越像指挥一场需要缜密组织的战争。而这个房间正是指挥销售战争的作战指挥部。

军队，赢得战役	销售，占领市场
• 选择战场 • 收集情报 • 制订作战计划 • 军队部署和后勤保障 • 作战任务下放 • 鼓舞士气 • 一线指挥官实施战斗计划 • 收集战情，调整作战方案	• 选择市场 • 收集市场竞争信息 • 确定业务目标和销售策略 • 销售部署和资源调配 • 销售任务下放 • 销售提成 • 一线经理的辅导 • 销售检查

多年工作在这间“作战指挥室”里，我看到过一场场漂亮的销售战役是如何最终获胜的，也看到过军令执行不畅、指挥部和销售前线脱节的后果，其中有很多收获，也留下了一些疑惑：

- 销售到底是一门只能意会的艺术，还是有章可循的科学？
- 销售数字真的能被管理吗？我们的销售指标是太多了还是太少了？
- 在影响业务结果的要素中，到底人的因素和体系的因素各占怎样的比例？

2010 年，我开始为国内企业做销售管理方面的咨询和辅导。国内企业在度过高速成长期后正面临着进一步成长的瓶颈，企业领导对自己手下那些创造过辉煌业绩、个人能力超强、习惯单打独斗的各方销售诸侯，也突然感到迷茫和束手无策，不知道怎样才能让这些曾经的销售超人进一步改造升级。于是，大家开始想方设法地加强对销售团队的管控，引进客户关系管理系统（CRM），建立数据追踪，进行销售检查，不断把各种衡量指标跟销售薪酬挂钩。

我经常会被问到的一个问题，那就是：“你们外企是怎么管理销售的？都给销售定什么衡量指标？怎么定这样的指标？”可是多年销售运营的经验告诉我，销售管理不存在什么“一招鲜”，任何销售指标的制定都必须结合企业自身的商业模式、业务特点、销售流程和销售团队所处的不同阶段。外企大而全的销售管控指标适用于成熟的销售组织，对于大部分规模还没有那么大、更讲究速度和灵活性的中国企业来说很可能会水土不服。因此，我也一直在寻找一种方法能让国内的销售管理者们一目了然地了解这些销售指标背后的逻辑，找到适合自己的管理指标，以点带面地逐步完善自己的管理体系。

后来我在美国销售管理畅销书籍的榜单中发现了这本《99% 的销售指标都用错了》，书中所描写的场景和问题让我读起来欲罢不能。两位作者的研究和阐述帮我解开了多年实践中的一些困惑，也清晰地勾勒出了一幅建立高效销售管理体系的路径图。那些纷繁复杂的销售指标，不再是一堆看似无序、混乱的数字，而是逻辑清晰、有机啮合的整体，可以帮助企业领导者们将公司策略与销售活动完美结合。

虽然书中所描写的美国企业所面临的销售管理问题和我们中国企业所面临的问题并不尽相同。美国企业在过去十几年将很多人力物力花在了销售管理数据化、信息化和自动化上。在两位作者看来，有些行为已经是舍本逐末，销售管理必须先建立自己的管理规范和流程才能讨论如何持续改进，任何工具本身是解决不了这个基本面问题的。所以他们面临的是如何去繁从简，回归本质。而大多数中国企业还刚刚接触这些工具，面临的是缺乏基础数据、信息和流程的问题。但即使是这样，这本书里所阐述的框架和执行路径也能帮助中国企业绕开很多弯路，更有效地建立适合自己的销售管理体系和衡量指标。

这本书并不注重说明理论知识，更像是一本操作秘籍，简单、直接、实用，可操作性很强。这跟销售管理是一门实践中的学问这一特点也非常吻合。

作为企业和销售管理者，这本书在以下方面会对你有所帮助：

- 让你全面了解销售管理体系和其中的逻辑关系，学会如何通过管理销售活动达成业务目标；
- 什么是正确的销售团队管理行为，哪些是关键要素；
- 如何制定有效的销售衡量指标，保证公司策略可以被贯彻执行。

在此祝大家销售成功！

Jason Jordan with Michelle Vazzana

Cracking The Sales Management Code：The Secrets to Measuring and Managing Sales Performance.

ISBN:978-0-07-176573-2

图书在版编目（CIP）数据

99%的销售指标都用错了 ：破解销售管理的密码 / (美) 杰森·乔丹 (Jason Jordan) ，(美) 米歇尔·法森那 (Michelle Vazzana) 著 ；毛雪梅译. -- 北京 ：中国人民大学出版社，2017.1

书名原文：Cracking the Sales Management Code: The Secrets to Measuring and Managing Sales Performance

ISBN 978-7-300-23596-7

Ⅰ. ①9… Ⅱ. ①杰… ②米… ③毛… Ⅲ. ①销售管理 Ⅳ. ①F713.3

中国版本图书馆CIP数据核字(2016)第270295号

99% 的销售指标都用错了：破解销售管理的密码

【美】杰森·乔丹（Jason Jordan）
米歇尔·法森那（Michelle Vazzana） 著

毛雪梅 译

99% de Xiaoshou Zhibiao Dou Yongcuo Le: Pojie Xiaoshou Guanli de Mima

出版发行	中国人民大学出版社		
社　　址	北京中关村大街 31 号	**邮政编码**	100080
电　　话	010-62511242（总编室）		010-62511770（质管部）
	010-82501766（邮购部）		010-62514148（门市部）
	010-62515195（发行公司）		010-62515275（盗版举报）
网　　址	http://www.crup.com.cn		
	http://www.ttrnet.com（人大教研网）		
经　　销	新华书店		
印　　刷	天津中印联印务有限公司		
规　　格	170mm×230mm　16 开本	**版　次**	2017 年 1 月第 1 版
印　　张	16.25　插页 1	**印　次**	2024 年 7 月第 8 次印刷
字　　数	180 000	**定　价**	75.00 元